止觀禪

打開心門的鑰匙

釋果暉

The Chan Practices of Zhi and Guan:
A Key to Opening Up Our Spiritual Mind

自序

每個人都有一扇極為寶貴而無可取代的心靈之門，門內有著無數價值連城的寶物。然因太久沒有開過此門，並且年久失修，甚至也忘了鑰匙放在何處。

我們的心，猶如已鏽蝕的門鎖，以致無法打開心門。如何找到開門的鑰匙呢？方法便是修習止觀。修「止」，可讓我們將生鏽的鐵屑清理乾淨；修「觀」，可讓我們很快找到這把鑰匙，將門打開，發掘取之不盡、用之不竭的慈悲之寶和智慧之寶來自利利人。

進一步來說，「止」的力量，可清理我們被煩惱所鏽蝕的心，調伏種種散亂與不安，獲得心靈的安定；「觀」的力量，則讓我們找到生命的出口，解開人生的迷惑，獲得生活的智慧。

修行止觀的過程，可將不知自我為何物的散亂心，練成有自信、時時集中心念的「小我」，也有機會進一步提昇到統一心的「大我」，乃至開發出「無心」、

「無我」的智慧。即使尚未成就「大我」或「無我」，當運用方法從不知自我的散亂心，練到集中心的「小我」時，便會常有自知之明，而能夠掌握自己的身心狀況來面對種種的外境，這對日常生活的照應已經是一大助益了。

由於學術上的因緣，在二〇〇五年返臺之前，我在日本留學期間的研究，多以安般禪觀及止觀禪法為主；任教於法鼓文理學院期間，也經常將它應用於行門研修課程之中。二〇一六年暑假，法鼓山禪堂執事法師，鑑於向來舉辦中階止觀禪七的機會並不多，故除了讓禪眾每天聆聽法鼓山創辦人聖嚴師父的止觀禪法錄影開示之外，也請我每晚分享禪修的觀念與方法。接任方丈之後，也曾為兩梯次的止觀禪七禪眾關懷分享。事實上，每次禪期中，我與所有禪眾一樣，都從聖嚴師父錄影開示的觀念啟發與禪修指導中，獲得許多的法益、法喜。如同師父所說：「人生的目的，在於不斷地學習和奉獻。」因此，我珍惜每到禪堂分享的因緣，也讓自己在禪修上能夠不斷地精進成長。

本書介紹的止觀禪法門與印度佛教等各系之止觀禪法皆略有不同，在第二篇「止觀溯源」的〈止觀的源流與開展〉一文中，有進一步闡述。我們的禪法教學系統，原則上是以數息觀或數數念佛為主的初階禪法為始，從而開展出兩支禪法的修習方向：其一，是往高階默照禪法之前，可先銜接中階止觀禪；此外，往高階話頭禪法的中間則有念佛禪，而構成中華禪法鼓宗禪法之修學體系。

全書內容，分為「止觀禪修」、「止觀溯源」與「止觀默照」三大篇。

第一篇「止觀禪修」內容有〈止觀、慧觀與空觀〉及〈體驗呼吸修止觀〉兩章，是我在二〇一六年暑假及二〇一九年底，於法鼓山總本山禪堂所舉辦的中階止觀禪七期間，每晚為禪眾所做的勉勵關懷。

第二篇「止觀溯源」和第三篇「止觀默照」，共有五則文稿，前四則均為講座整理。講出的時間順序依次為：〈安般、止觀與頓悟禪法〉一文於二〇一五年為美國法鼓山新州分會信眾所講，逐字稿由邱瑞珠、翁蕙洵兩位菩薩整理，原題是〈以安般法門為主的次第禪觀〉。〈實用易行的中華禪法鼓宗禪法〉一文於二〇一九年八月為法鼓山法行會例會所講，原題是〈信仰、認同與凝聚〉。〈止觀與默照的會通〉及〈圓覺與默照〉二文，均於二〇二〇年間為法鼓山僧眾所講，前者的機緣是六月結夏期間的一次禪修關懷，後者為十月的一回早齋開示。〈止觀的源流與開展〉成文最晚，因考慮到有必要將我們現在的止觀禪法教學回溯到印度的佛世時代，因而將止觀學理在各關鍵時期的發展情形，進一步加以簡要介紹。

本書各篇章，原始內容多為臨場機緣的禪法開示或禪修分享，從錄音檔逐字錄寫到文稿整理，要感謝許多義工菩薩以及法鼓文化同仁的協助才得以成就。然而從臨場應機開示到成書之間，仍有必要對文字、段落加以斟酌，故仍用了一些時間加以刪修成稿。

時序進入新型肺炎疫情流行的第二年，願以本書付梓功德，迴向疫情早日消除、世界和平，眾生離苦得樂。

釋果暉

二〇二一年三月一日菩薩戒期前

於法鼓山方丈寮

目錄

第三篇 止觀默照

第一篇

止觀禪修

體驗呼吸修止觀

——二〇一九年中階止觀禪七開示

本來面目

法鼓山園區大殿的正門上有一塊匾額，上面題寫「本來面目」四字，諸位相信人人有本來面目嗎？

我們每個人都有本來面目，只是我們現在還看不到，必須透過佛法的修行，才能見到本來面目，禪修即是方法之一。禪的修行，能使我們的心，從散亂心收攝為集中心、達到統一心，最後連統一心都要放下，也就是無心，無心就能夠見到本來面目。這個過程可能很快，也許此生即可見到；也許很慢，要等到下一生或是多生後才能見到。但是不論如何，只要透過修行，就有機會見到本來面目，《六祖壇經》稱為「識自本心」、「見自本性」。

先發菩提心

禪的修行重在鍊心，大乘禪法主張，鍊心之前，必須先發菩提心。我們知道，所謂的「開悟」是見到「無我」的智慧；既然已經知道無我，因此在開悟之前，我們就可以練習著隨時放下自我中心的種種我執。而發菩提心，以利他來自利，甚至利他而無所求，是學習放下我執最好的方法；利他，便自然會生起慈悲心，而唯有放下我執，才能夠開智慧。因此，大乘禪法的見地，是在利他之中來開發出無我的智慧，而又以無我來達成利他的功能。開發智慧的本身只是過程，慈悲利他才是最終目的，稱為「嚴土熟生」，這也即是法鼓山理念：「提昇人的品質，建設人間淨土。」

禪修者一定要發願：「我學禪法、求開智慧，目的是為了利益他人。」如果是只為求利益自己，表示還有「我」在；禪，既然是一種「無我」的智慧，還有什麼「我」可以利益的？所以，一定要發菩提心，也就是聖嚴師父所說的「奉獻即是修行，安心即是成就」，禪修才容易得力。

還有，要生慚愧心、感恩心。所謂慚愧心，就是我沒有把方法用好，所以慚愧、懺悔；或者禪七當中，可能有意或無意犯了規矩，要能懺悔。所謂感恩心，是感恩我們有佛法可聞、有禪法可修，禪修的每一支香，都要抱著感恩心、歡喜心來修行。

六度齊修

禪的修行，主要是運用六度波羅蜜的禪定法門，事實上，大家在禪期中是具足了布施、持戒、忍辱、精進、禪定、般若的六度波羅蜜修行。比如諸位投入八天七夜的時間來修行，這是布施行。而為了成就這個禪期，所有的內外護法師及義工菩薩，他們奉獻時間和心力、體力護持我們修行，當然也更是布施行。更重要的是法施，七天當中，我們每天都將聆聽聖嚴師父的錄影開示，師父的色身雖已不在，然而他老人家的法仍在教導、指導著我們，這如同釋迦牟尼佛和歷代祖師大德的教法，至今仍在代代流傳，仍在化導人間一樣。

有些禪修者會忽視持戒的重要性。諸位從今天下午進禪堂，已聽取禪期作息規矩，我們共同遵行規約，其實也是持戒。此外，禪七期間每支香約四十分鐘，可能有些人從第二、三天開始會感到腿痛。腿痛有對治腿痛的修行法，這時還是要將身體放鬆、心情放鬆，並不是只能咬著牙、面紅耳赤地忍痛。如果腿還是很痛，那就要勉勵自己，這是修忍辱行。當我們每天隨著禪期整體運作，鍥而不捨地一支香一支香、一天一天很單純地隨眾作息，這是在修精進行；每天聆聽聖嚴師父的開示是在修智慧行。因此，禪的修行雖以禪定法門為主，實為六度齊修。

第一次宗教體驗

我這次進禪堂與大家共修，是因接任方丈以來，陸續有幾位法師和居士建議我進禪堂關懷，包括繼程法師也跟我提了幾次。我很感謝他們的督促，使我有機會和大家一起修行，共同成長。禪七期間，每天都有一次我關懷分享的時段，我們互相砥礪、互相成就。

我個人出家的因緣，與大學時期的一次宗教體驗有關。大學畢業前夕，同學們相約到美麗華飯店舉行舞會，我個人對跳舞沒什麼興致，當時也沒心情。因為在那年代，臺大的畢業生要不選擇出國留學，就是留在臺大繼續進修，或是投入就業市場，人人各赴前程。但我不確知未來該走什麼路，極其徬徨，也就沒心思跳舞，一人獨坐舞會場所的門外，一時之間心無所寄，但因曾讀過《香山傳》——觀世音菩薩成道本事的章回小說，知道可念觀世音菩薩，於是心裡默念起聖號，不知不覺間，同學們的舞會便結束了。

舞會結束後，我和一位同學乘公車回永和住處，在公車上仍繼續默念著聖號。當公車行經羅斯福路時，我念著念著，突然出現一種未曾有的經驗：我念著觀世音菩薩，並沒有見到觀世音菩薩，可是身體不見了，公車也不見了，就連公車移動的空間感受也消失了。突如其來的經歷使我感到震撼，不由自主放聲一哭。停止哭泣後，我發現聖號不見了，隨後有個非常微細的聖號念頭出現，再漸形轉粗，直到聖號又從我口中念了出來。經過這次經驗，我已明白這輩子要走的路，不是出國繼續進修，也不是找一門工作，而是出家修行。

那次念聖號經驗，念到念頭不見了、身體不見了，一種頓失時空存在的體驗，給了我修行上的信心。我分享這個經驗，是希望與大家共勉，不論是念佛法門，或是體驗呼吸的方法，都能夠使我們的心從散亂心的狀態，逐漸收攝進入集中心、統一心，再用禪法達到無心，那就可以見到我們的本來面目。

精進禪期與日常用功

早期我跟著聖嚴師父打過好幾次禪七，回想起來，很多時候都在看自己演的電影。禪七以前的事情，本來沒想到的，一打禪七，全都想起來了，這就是散亂心，沒有在方法上用功，變成在看自己主演的電影。好幾年前，我們舉辦過自我超越禪修營，曾有學員分享，之前忘掉的事情，在打坐時居然都想起來了，不禁沾沾自喜。其實這是得不償失，如此殊勝的禪修因緣，他用了三天的時間都在想過去的事，真是划不來！能夠知道修行、願意修行，也有時間來修行的人，應該是少數中的少數，我們都非常有福報，請大家珍惜精進禪七的因緣。

精進禪期，主要是提供一種訓練，包括方法的練習和觀念的釐清，再將禪期所學到的觀念和方法活用於日常生活中，這是更重要的。打個比方，精進禪修有如手機快速充電，日常生活則如涓流充電，這兩種充電方式都不能偏廢。經過一次精進禪期的「快速充電」之後，持續平常生活的「涓流充電」，就能將修行的力量不斷往前推進，否則平時若不用功，等到進禪堂打七，再又開始重新充電，也就稱不上「續航力」了。

當然，禪七已經開始，諸位也就不必在意平常有沒有用功，有沒有用方法。從現在開始，禪七以前的事情全都不管，只管一心一意在每支香的當下用方法。隨時隨地將我們的心，放在眼前、當下，這是最重要的事。

第一支香

佛教有許多修行法門，修禪定是其中之一。禪定也不是非打坐不可，像我念聖號而一時失去時空的體驗，是站在公車上發生的。打坐僅是一種基礎訓練，重點是對佛法的觀念、知見必須清楚掌握。禪宗歷代祖師開悟的時候，大多不在打坐當中，而多在日常生活中。例如虛雲老和尚就是在禪七期間開靜後，因茶席的機緣而開悟。

禪修的原理，是透過用方法，使我們從散亂心，練成集中心、統一心，再從統一心至無心。統一心即是一心，這有幾個層次：身心統一、內外統一、念念統一。念念統一，即是進入較深的禪定。漢傳禪法的修行，則只要達到最基礎的身心統一，就有機會用來開發智慧，並不需要進入到念念統一。

禪修的過程，始終是調心為上，但要以調身為始。平常生活當中，我們對待身體的方式，通常是由大腦以命令的方式指揮、控制身體，即以心來統一身體。禪修則反過來，要讓身體來統一心，前提是讓身心放鬆，達到「調身」的效用。也就是說，禪期的前階段，我們需要做一番調適，使平時緊張的身心能夠充分地調鬆、調柔、調和，這樣的話，才有機會進一步達到身心統一。

諸位來打七之前，身心多半是緊張、疲勞、有壓力的。進到禪堂以後，要讓這些緊張和疲勞漸漸釋放，讓身體輕鬆自然地達到調和，才能順利用上方法。這個釋放與調和的過程，即天台《小止觀》所講的「調五事」：調飲食、調睡眠、調身、調息、調心。基礎是調飲食、調睡眠。禪七期間的飲食，大寮的法師和義工菩薩都會為我們妥善準備，這點沒有問題，諸位唯一要用心的就是掌握一個原則：「吃得不飢不飽。」如果吃得太少，打坐時可能會體力不足；若是吃得太飽，打坐可能會昏沉。

其次是調睡眠，諸位可能平日在家有自己個人的房間，禪七期間往往是多人共住一間寮房，這會發生什麼情況呢？最常見的，就是被寮友的打呼聲干擾，或是自己的打呼聲干擾別人。無論哪種情形，每次禪期總是有禪眾反映被打呼聲影響，夜裡睡不好。遇上寮友打呼等受干擾的情形，要練習面對、接受。第一天可能不習慣，漸漸地習慣它，而不去在意它、放下它。如果還是睡不著，可到大殿拜佛、打坐。但也不能夠整夜拜佛、打坐，變成日夜顛倒，可能晚上拜佛、打坐還滿好，白天卻打起瞌睡，那是得不償失。

這梯次學員，每人都曾參加過兩次以上的禪七，應該能夠很快適應禪期作息。但是每次禪七的情狀不一樣，要把過去的經驗全部放下，而把這次禪七當成第一次打七。打坐時也是一樣，每支香都是第一支香，每次打坐都是出生以來第一次打坐，每次修行的當下都是第一次修行。能夠這樣用功是最好的，最容易用上工夫。

用方法的時候，不要去想佛學理論，不要思考什麼是空、無我、開悟；也不要想像：「我現在的狀態是不是就要進入統一心了？」「我現在的狀態是不是進入輕安境了？」這些全都是妄想、妄念。我們唯一要做的是把身心放鬆，然後用方法，不斷、不斷地提起方法，鍥而不捨地用方法。還有，不跟過去比較，不跟前一支香比較，也不跟前一天比較，將所有的念頭全都收攏起來，一心一意放在當下，這樣的話，我們就可以得到禪修的受用。

我們有這麼多法師、學員一起共修，用功的時候，禪修的受用是整體的。也就是說，每個人除了以自己用功而得到受用外，同時也得到大眾用功力量的受用。可是我們打坐的時候，不要想到有很多人和我一起打坐，而是要把自己孤立起來。從時間的前後孤立起來，從空間的內外孤立起來，除了當下，其他的事全都放下，這樣的話，就可以使我們的心從散亂進入集中、統一，甚至有機會達到無心。但是不要想像：「現在我已經從散亂心進到集中心了」、「我已經從集中心進到統一心了」、「我已經快要從統一心進入無心了」……，這些都是打妄想。禪修從散亂心、集中心、統一心到無心，都是自然而然的過程，而不是刻意想像、控制或者企求可得的。但可以發願，比如打坐之前發願：「願我這支香能夠始終保持身體不動」、「願我這支香能夠沒有妄念、不昏沉，一心一意用方法」，但是正在用方法的時候，不要去描述、想像、企求，這些都是妄念，早已離開了方法。

三法印

佛法知見有三個準則：「諸行無常、諸法無我、涅槃寂靜。」也就是三法印。所謂諸行無常，一切現象均在生滅變化當中。一般人不知道無常，總執著有一個恆常的、不變的我，因而自己的身心、自己與環境和他人，經常起衝突，而產生種種煩惱痛苦。我們在修行當中，體驗到念頭不斷變化，便是無常。無常變化是心念的常態，因此體驗到有妄念是正常的，沒有必要與妄念對抗，也不要討厭妄念，唯一就是提起方法，這是禪修非常基本的一個用功態度。

法鼓山的禪法體系，從念佛、數息的「初階」禪法，往上銜接「中階」止觀禪或念佛禪，進而是話頭禪或默照禪的「高階」禪法；無論默照或話頭，都有系統的修行層次和方法。

這次是中階止觀禪七，基本上不教數息、隨息法，如果止觀的方法無法用上，可以回到隨息、數息。止觀的修法，一開始是用「觀」來安定我們的心、以「觀」達到「止」，這是修止觀的原則。但此時的觀，還不是真正的慧觀。真正的慧觀，是從統一心到無心的階段；統一心之前的觀，是達到定的觀。若能把握方法與技巧，達到統一心並不難。從統一心到無心才是慧觀，這就比較難，基本是要對佛法三法印的知見能夠很清楚把握，再配合用方法。

雖然禪修是從散亂心、集中心、統一心到無心的過程，但從散亂心起修之前，我們必須清楚慧觀的原則，也就是三法印的「諸行無常、諸法無我、涅槃寂靜」，或作「無常、無我、空」。稱法雖不同，內涵則是相同。無常是一個表相，深入看無常的內在，事實上就是無我，也就是空。若能見到無常相，便能消融種種我執和煩惱。每個念頭出現的時候，它是一個無常相，這個無常相是散亂的無常，修行就是把散亂的無常，收攝成為有規則的無常，再把它統一起來，成為常。最後，用禪法把這統一的常打破、放下，智慧便會出現。

從無常到常，即是統一心。進入統一心狀態時，如果是身心統一，即身體的感覺不見了；如果是身心與環境統一，即空間感消失了；如果是念念統一，則是時間、空間感都消失了。但這些狀態都不是開悟，至多只是一種與定相應的層次。禪定也會出現時間、空間消失的經驗，但並不即是慧的體驗，必須透過禪的方法，例如話頭或是默照，來破除一心，達成無心，才能與無我的智慧相應。

（二〇一九年十二月二十二日，法鼓山中階止觀禪七第一天開示）

多、少、一、無

禪修的過程，是從散亂心至集中心、統一心，再到無心。簡單地說，即是「多、少、一、無」。

從次第禪法到漢傳禪法

禪修最初要克服的障礙是散亂與昏沉。散亂心就是念頭「多」，平常我們的念頭多半處於「多」的狀態，隨著外界的因緣而風吹草動，而內在的煩惱心也讓我們經常處在散亂之中。因此，在開始修行的這個階段，可透過念佛，或者數息、隨息的方法，使念頭從「多」轉為「少」。原則上，是用一個規律性的所緣，來收納散亂、沒有規律的心念。

以念佛法門來說，無論是念佛共修或是念佛佛七，一般是念四句佛號：「阿彌陀佛，阿彌陀佛，阿彌陀佛，阿彌陀佛……。」「阿彌陀佛」四字佛號，具有四個音調，相當於四個念頭，把所有的念頭收攝為四個念頭，就是從「多」收納為「少」。如果用數息方法，從一數到十，是用十個變化的規律念頭，把所有的妄念收納進來。因為規律的念頭還是容許有少許變化，所以比較容易將多變的念頭收攝起來。當念頭收攝至初步的集中心時，也就是「少」，這時，禪修者不再有重的昏沉、散亂的狀況，但可能偶爾出現較輕的昏沉或散亂。

中階止觀禪七用的方法是體驗呼吸，當體驗呼吸進入集中心時，是運用「二」的方法。我們的心念，都不離呼吸的所緣，只要意識到呼吸的入與出；入息是一個，出息是一個，所以是「二」。能夠繼續保持下去，當我們的心愈來愈收攝、專注，就有機會進到「一」。

「一」，就是統一心，此時即可轉入話頭或默照。默照的修法，不是去專注一點的所緣，而是以平等心直觀身心——當感到身心起了任何特別的覺受時，馬上放下；可以說這是一種直接修統一心的方法，這也是「一」。從「一」到「無」，是從統一心朝向無心，這個階段，必須對佛法所說無常、無我、空的法理有深刻的認識，再將統一心放下，才能進入無心。

以上這四個層次，即是聖嚴師父教導的禪修方法階次，同時在《禪的體驗．禪的開示》一書中，提出數息階段有七個層次：第一個階段，知道有呼吸，但是沒有集中注意力的對象。第二個階段，數呼吸經常中斷，數一而忘記二，數二而忘記三，或者數到十一、十二，無法專注地從一數到十；此時已有少許集中心，但是妄念很多。第三個階段，雖有妄念，但是數數字的正念已可達到十分鐘以上。第四個階段，經常保持正念而雜念減少，偶爾仍有妄念干擾正念。第五個階段，只有正念而沒有妄念，時時刻刻，數息不間斷。此時有三個念頭在交換：數目字、呼吸，以及知道呼吸的我。第六個階段，進入隨息的階段，已經沒有妄念，也忘掉數目字，此時可能身體的感覺會消失，而出現輕安境或淺的定境。第七個階段才是悟境。

傳統上，進入禪定的修行層次，不論是南傳、藏傳、漢傳，從開始用方法到統一心，分為九個階段，叫作「九住心（nava-citta-sthīta）」。第一個階段「內住」，第二個階段「續住」（等住），第三個階段「安住」，第四個階段「近住」，第五個階段「調順」（調伏），第六個階段「寂靜」，第七個階段「最極寂靜」，第八個階段「專注一趣」（專注一境），到第九個階段，即完成統一心的階段，叫作「等持」或「三昧」，梵文是samādhi，這至少已經達到未到地定（anāgamya-samādhi，也稱未至定），更深一點就是進入初禪。漢傳禪法不以禪定為目標，但須有最基本的禪定基礎，練成集中心、統一心，進而運用禪法，開發智慧。

從印度初期佛教以來，朝向解脫的修持方法，即分成兩大類：一類是「俱解脫」，一類是「慧解脫」。俱解脫，可修到最高的滅受想定，也稱為滅盡定；另一類是修行至初禪以上的定解脫，此時的定解脫也一定同時具足慧解脫。而有一種慧解脫，不必進入初禪，只要以未到地定的定力，就有可能證入阿羅漢果，叫作「圓滿慧解脫」或「全分（滿分）慧解脫」。漢傳禪法即是運用「圓滿慧解脫」的原理來修行。

修行的過程是自然發生的。記得我在日本留學時，因為忙於課業，打坐時間較少，主要以誦〈普門品〉、《心經》和念觀世音菩薩聖號為定課，二〇〇五年回到臺灣以後，就多點時間打坐。有一次在男寮佛堂晨坐，用數息觀打坐時，突然感到內在湧出一種法喜，表現於外是一股難以克制的想哭力量。那種悲喜的力量，好像一直要發散出來。做早課時，殿堂法師可能發現了我的狀態，就向聖嚴師父報告。那時師父仍住方丈寮，早課後讓侍者喚我過去。當我走進方丈寮向師父頂禮三拜，師父就問我：「你有什麼狀況發生嗎？」我一句話也沒說。事後回想，那次經驗應該只是一種輕安境。

這是與大家分享，禪法雖有清楚的次第，但在用方法時，我們不必去分析自己現在處於哪一個階段。原則上，內住、續住、安住、近住，相當於數息階段；從調順至寂靜、最極寂靜，是隨息階段；專注一趣和等持，則相當於統一心。

中階止觀禪七，是以體驗呼吸為方法，凡是與呼吸不相干的，都是雜念、妄念，全部都放下，隨時隨地回到體驗呼吸。所以，調身、調息和調心非常重要，身體要調、心態也要調，才可順利用上方法，從「二」進到「一」，再從「一」進入

「無」，而見到無我的空性。

煩惱的根源：我見、自性見

佛教講無常、無我、空，其他宗教也有類似的說法，但存有根本的差異。義大利的上智大學（Sophia University）校長皮耶羅・高達蒙席（Msgr. Piero Coda）教授，近期（二〇一九）接受法鼓文理學院頒贈榮譽教授並為全體師生舉行講座，講題是「基督啟示與虛無的奧祕」。他說基督教所說的虛無，相當於佛教的空、無我，因為宇宙萬物由上帝所創造，所以宇宙萬物是無常、無我的；然而上帝是自生的，不是無常、也非空。

不少基督教徒和天主教徒很積極、非常有愛心，身體力行「信、望、愛」的教義，很令人讚歎、佩服。從佛教的觀點來看，上帝的存在與印度教的大梵天非常相近，大梵天的禪定居於初禪至二禪的中間定，修到大梵天的層次，必充滿慈心、悲心、喜心，乃至捨心。所以，基督宗教以「上帝愛世人」的精神幫助很多弱勢團體，積極與各宗教交流，心量很大，而且非常積極入世服務。

反觀近世佛教總是予人消極、避世的負面印象，直至二十世紀太虛大師倡導佛教現代化，才見新生曙光，即今法鼓山提倡建設人間淨土，其他道場也在力行人間佛教，都是積極走入社會、影響社會。但在太虛大師之前，曾有很長一段時期，佛教徒遠離了現實人群，雖有很好的教理，可惜在實踐層面及對社會的奉獻服務非常有限。加上許多人誤解佛法所說隨順因緣的深意，以為凡事消極、被動等待是隨順因緣，這是誤解因緣法，完全錯解佛陀化世的本懷。佛教所說的隨順因緣，是要掌握因緣，不但自己實踐佛法，更要積極走入社會、服務人群，而對成果無所求，這才叫作隨順因緣。因此，我們要積極提倡正信的佛教。

當天高達蒙席教授的演講非常精彩，但他提到：「上帝是自生的，而宇宙、眾生皆是無常。」這與佛教講的無常有所差別。佛法所說的無常是徹底的無常，佛法所說的無我是徹底的無我。因為眾生的一種執著心，亦即我見、自性見非常地深，非常難以放下。禪修時，我們覺察到種種煩惱妄念不斷生起，這些念頭的根本就是我見、自性見在作祟。知道這個道理之後，我們除了用方法，其他的念頭都要放下，那就可以從散亂心到集中心、統一心，再朝向無心。

到達統一心並沒有那麼困難，統一心即是與定相應。但要知道，定與慧的性質有些類似之處，定境與悟境都可能體驗到沒有時間、空間的存在，因此很容易混淆。如果把定境當成是慧悟，很可能變成附佛法外道或是新興宗教之類而不自知。此外，染心的定境也會帶來麻煩，可能接上神通或是鬼通，所以正知見很重要，透過聞、思、修，對無常、無我、空的認識愈深刻，愈能夠放下種種的我執，才能實證佛法的無我、空。

矛盾的認知

一般人最深的執著，是對生命的執著，即執取自我的存在；自我的存在，是透過時間、空間的互動過程而感受到的。人的生命，從出生至少、壯、老、死，這是一個時間上的過程。我們感覺到時間的變化，其實是一個幻相；感受到時間和空間的存在，均是諸行無常的幻相。

比如昨天諸位第一天進禪堂，今天是第二天，對於昨天的印象還很深刻；昨天大家從家裡出發，到法鼓山禪堂的過程，也一定很清楚。報到之後，從分配寮房、分配工作，到講明規矩、觀看聖嚴師父的開示影片，這些記憶應當還很鮮明。所以，昨天確實是有的，並不是沒有。再往前追，上個星期發生的事，你們可能還記得一些，上個月經歷的事則記得少一點，而去年發生的事仍記得的就更少了，但多多少少還有記憶。

感覺到時間的變化，是透過我們的記憶而來，記憶則從心念的變化而生，而心念的變化卻是一種錯誤認知。大家可以想像，我們每個人從十歲到現在，不論你們現在是三十、四十、五十、六十或者七十歲，可說每一個時期的「我」都是假的，因為心念隨時都在變化之中。

當然，對時間的認知是人類的基本常識，缺少這種常識，大概就沒辦法適應社會生活。如果搭飛機出國或是乘坐高鐵，不依據航空公司或高鐵時刻表，便無法規畫行程。如果缺少日常時空的經驗與常識，也無從建構人類種種文明與時代科技的進步。這些經驗和常識都是存在的，空間和時間的變化也是實有的。

但是從佛法來講，時間與空間都是生滅法，既然是生滅法，也就不是不變的。例如我今年（二〇一九）六十二歲，已不再是年少模樣，這代表什麼呢？代表少年的時間並沒有來到六十二歲的現在。打個比方，「甲」代表二十歲，「乙」代表六十二歲，「甲」沒有來到「乙」，「乙」也不應該回到「甲」，才是「不來、不去」。但是我們對時間的認知是「不來、有去」，這是一種嚴重的矛盾，我們卻視之為當然。知道自己曾經二十歲，那就是「有去」；既然現在的六十二歲「有去」到過去的二十歲，那過去的二十歲也應該「有來」到現在的六十二歲，這叫作「有來、有去」。或是過去的二十歲「不來」到現在的六十二歲，那麼現在的六十二歲也應該「不去」到過去的二十歲，叫作「不來、不去」，這才合理，不是嗎？但是我們對時間的認知卻是「不來、有去」的。

為什麼我們對時間的認知是「不來、有去」呢？原因是念頭生住異滅不已、是無常的，我們卻總是緊抓著前一個念頭不放。過去剎那、剎那的心念變化都是「不來」到現在的，但我們的現在一念，永遠是「有去」，連結、抓住過去的一念而不放，這種微細的念頭變遷是心念的一種剎那變化，而產生過去、現在、未來三世的「遷流不斷」。「無常遷流」本來就是萬法的本性，但是我們卻認為有一個不變、不斷的我的存在，這根源來自一般人最內在的自我中心執著，一念接著一念、一念接著一念，妄念念念遷流而不得自在。現在我們要透過修行方法，把這些妄念收攝在同一個方法，轉為有規則的妄念，及至念念都在現在，最後連現在這一念心都要放下，才是真正的「不來不去」，便是《金剛經》所講：「過去心不可得，未來心不可得，現在心不可得。」禪修時，一定把過去全部放下，也不想未來，念念都在現在。念念在現在，是漸次從「多」至「少」、從「少」至「一」的過程，到「一」時就與定相應，再透過默照或是話頭的禪法粉碎「一」而開發無我空慧。

還是請諸位好好用功、好好用方法。用方法的時候，要有耐心，一而再、再而三地提起方法，隨時隨地把心放在當下。祝福大家。

（二〇一九年十二月二十三日，法鼓山中階止觀禪七第二天開示）

呼吸，最天然的法門

今天是禪七的第三天。常有人形容：「禪七前三天度日如年，後三天快馬加鞭，最後一天一溜煙。」這次中階七，諸位至少都有兩次以上的禪七經驗，身心調適的時間應該可以縮短。此外，冬季禪期也比夏天好一點，夏天較悶熱，容易產生昏沉的狀況，而冬天的寒冷，通常使人保持清醒，是滿適合修行的。

壽、煖、識

一般而言，人的生命組成有三個條件：「壽、煖、識。」壽，是指一期壽命的長短；煖，是指所攝取的營養，以維持體溫、能量；識，是意識，特別指銜接前後生的第八意識。

壽，是屬於表現於外在——時間上的生命存在形式。居中的煖，主要是維持生命存在的營養，例如我們攝取適當的飲食，從中得到養分，這是比較粗的物質營養；比較細的營養來自呼吸，人體藉由呼吸，吸入氧氣而吐出二氧化碳，維持生命的根本運作。人可以一天不進食，甚至三天不進食，尚可生存，特別是印度有些斷食修行法，可長達一個月不進食，甚且以此為養生之道。但是一個人假若停止呼吸三、五分鐘便有致命危險，所以，呼吸是維生的第一要素。

一般常以「百萬富翁」、「千萬富翁」來形容身家財富，其實每個人最珍貴的身家財產是呼吸。正常人的呼吸，一分鐘約十六次，如果活到百歲就有八億次呼吸，八十歲則有六億五千次呼吸，五十歲也有四億次呼吸，因此「億萬富翁」是很普遍的。物質的財產用完了、失去了還可以賺回來，但是每一口呼吸卻是一去不復返。生命就在呼吸間，修行也在呼吸間，呼吸是最簡單、最直接的修行方法。

更內在的是識，或者稱為神識。一般以為，人死之後還有個精神體存在，叫作靈魂，佛教則稱作識蘊、神識，即是一種對自我存在執著的最內在構成。

身、息、心

生命的存在，除了由「壽、煖、識」組成，另一組對照是「身、息、心」。身是身體，相當於壽；息是呼吸，相當於煖；心是心理活動，相當於識。息，介於身與心之間。身體的狀況，隨時隨地會反應於呼吸；心理的狀況，也隨時隨地反應於呼吸。身體緊張的時候，呼吸會跟著緊張、急促；心理緊張，呼吸也會跟著緊張、急促。

當我們的身心處於緊張的狀態下，呼吸表現為淺、粗、短、急；修行得力時，呼吸則是長、細、緩、深。體驗呼吸時，當鼻息呼出，經過鼻端前的人中位置，我們會感受到一股微暖的氣息，這個身觸的所在，就是我們用功的所緣境，其他的身體感覺或者念頭都不是所緣境。在單一的所緣境上用功是很輕鬆的，而且觀呼吸的方法，很容易讓我們放鬆。此外，呼吸法是中性的，如果是念佛法門，我們可能還會生起仰仗佛菩薩來護佑、加被的意識，而觀呼吸則是中性的。如果方法用得好，會感到身心非常舒暢，一支香、一支香過得很快。

我記得早期在農禪寺打禪七，在禪七圓滿的第二天，正好是地藏菩薩誕辰，早課要唱〈地藏菩薩讚〉、誦地藏菩薩名號。我負責打木魚，打著打著，突然放聲大哭，木魚落地，人也倒在地上。大概是因為禪七修行的影響力還存在，覺得有一股力量從內在湧出，但是我又有點要抑制、不要讓妄想出現，就用佛號來取代妄想。這有點像百米賽跑，就看佛號與妄念由哪一方勝出。所以我就費盡九牛二虎之力高聲唱念佛號：「阿彌陀佛，阿彌陀佛，阿彌陀佛，阿彌陀佛……。」一念到精疲力盡，有種準備要往生的感覺，什麼都不管了，最後就是念到手中的木魚掉了，人也倒地了。

後來我被抬進一間寮房，還是繼續念佛號：「阿彌陀佛，阿彌陀佛，阿彌陀佛……。」原來是四聲，後來變成一聲，當時的我已念到涕泗橫流，但還是不管它，繼續念佛。後來聖嚴師父進到寮房，對我說：「果暉，你現在不要念佛了，注意自己的呼吸。」我照著師父的話做，轉為注意自己的呼吸，漸漸地，心中的佛號停止了。

這個過程與呼吸有關。當時我已經念佛號念好一段時間了，呼吸是急促的，身體也處於很緊張的狀態。為了不讓妄念出來，真是用盡全身力氣念佛。當我聽到師父說「注意呼吸」，我照著去做，便發現呼吸一開始是急促的，漸漸轉為長、深，身體也比較放鬆了；之後，呼吸轉為緩、細，幾乎已感受不到呼吸，全身舒暢。有了這次經驗，我知道體驗呼吸是很好的修行方法。

解生命的渴

體驗呼吸是中性的法門，它可能不像念佛法門那樣具有吸引力，念佛念得好，可能進入念佛三昧，或是佛菩薩現前。觀呼吸是很純粹的中性方法，以至於有些人用上一段時間後，覺得沒有味道，就像喝白開水，除了止渴，變不出其他花樣來。其實白開水也有白開水的味道，修行正是為了「解生命的渴」，因為我們還未見到「本來面目」，所以透過修觀呼吸法，飲生命的「白開水」來解渴，這是一個入門方法。

當我們體驗呼吸而離開所緣時，常是因為覺得「白開水」淡而無味，想吃點巧克力、糖果、餅乾，變換一下口味，那就是散亂心。諸位不妨檢查每一支香，你們究竟是喝白開水的時間多，還是吃巧克力、餅乾、糖果的時間多？如果一支香下來，偶爾喝白開水，而常吃零食，表示這支香多在妄念、昏沉當中。

用觀呼吸法應該是很輕鬆的，只要觀呼吸進、呼吸出，但是有些人不容易用上，很容易就分心去找五花八門的零嘴解饞。如果覺得體驗「白開水」淡而無味，可以加上數目字，也就是數息。數息的時候，比較容易發現妄念、雜念，也是很好的方法。

但是有些人不數還好，一數就會控制呼吸，不容易用上力。這裡有個竅門，事實上很容易用。數息的時候，只數出息的這一段，入息的那一段不管它，知道就好。鼻息出來，接觸人中這個地方的時候，我們給它一個編號「一」，代表第一個呼吸。但是不要在頭腦想像「一」，或在心裡發出「一」的聲音，只是給它一個編號。技巧在哪裡呢？我們的原則是自然呼吸，等到呼吸剛出來一些些再數。不要剛開始出息就同時數數字，否則容易變成控制呼吸。有些人數得很緊張，因為怕妄念先出來，就先數數再呼吸，這樣的話會讓身體更緊繃，甚至全身抽筋。保持自然呼吸，知道呼息出來一些些，再去數數目字。

用數息方法會比體驗呼吸的方法稍微用力一些，因為數息需要給呼吸編號，體驗呼吸則是完全放鬆，不需要數數。體驗呼吸時，是將心念「止」於呼吸的所緣境，當「止」的力量還很薄弱，而妄念不斷生起，則要加強「觀」的工夫。「止」於呼吸是體驗呼吸；「觀」是知道自己在體驗呼吸。

如果是數息，從一數到十，「觀」是確認這個呼吸是一、是二，很輕鬆地知道與前面數字是連貫的、沒有斷掉。如果數著數著，覺得有點不確認、有些懷疑，這時不論數到哪個數字都要放下，再從一開始數起。還有，即使沒辦法從一數到十也沒關係，只能夠從一數到五、或是從一數到六，也不要氣餒，重要的是要肯定每個當下，數到五就是五，數到六是六，數字沒有跳來跳去、沒有懷疑。這樣的話，雖然沒有數到十，心也不煩不亂，多數時間仍處於用方法的正念上，漸漸地能夠數到十了，而這支香也會過得很快，因為你用上了數呼吸法。

修行就在呼吸間，呼吸在，方法就在，這是最天然的法門。

（二〇一九年十二月二十四日，法鼓山中階止觀禪七第三天開示）

以文火用功

所謂「欲速則不達」，閩南話叫作「吃緊弄破碗」。昨天上台分享前，我伸手拿水杯，結果把水杯打翻了，那就是有點心急，無法準確掌握身體的動作。我們大家要互勉，隨時隨地保持身心放鬆，才能用上方法。

上坐之前先發願

今天是禪七的第四天，從今天開始，諸位應當可以順利進入禪修的狀態。上坐前，不論諸位有沒有向自己的「金剛寶座」頂禮、問訊，勸勉大家都能夠發願。我們每天早晚課發的〈四弘誓願〉是大願，打坐前的發願是小願。發願的法門非常重要，漢傳四大菩薩：觀音、文殊、地藏、普賢，都鼓勵我們學佛一定要發願，所以鼓勵大家在每一支香之前都能夠發願，並且發願要切乎實際。

如果你的心仍在散亂、浮動的狀態，可以發願：「希望這支香，我能夠進入集中心的階段。」但是用方法的時候，不要揣摩自己是否已經進入集中心的階段。如果已經有集中心的體驗，可以發願：「希望這支香，我能夠達到統一心。」如果還在數息階段，可以發願：「希望這支香，除了數息的正念之外，沒有其他的妄念。」或者發願：「希望這支香，我能夠保持身體不動。」「希望這支香，我能夠坐到打引磬為止，即使腿痛，也堅持到引磬響為止。」

其實，腿痛有腿痛的用功方法。如果實在很痛，就把腿痛當作所緣境，暫時放下原來的方法，專心觀腿痛，並且是身心放鬆地體驗腿痛。痛，其實是大腦給的一個形容、一個概念，當我們用心去看腿痛，會發現痛的表現並非固定不變，而是多變、有趣的。觀的時候，把腿痛當成是一個對象，不要把「我」放進去，也不把它命名為「腿痛」，而像是欣賞一幅風景畫，觀看它豐富的層次變化。用這種方式看腿痛，腿痛就成為我們的所緣對象，此與數息、體驗呼吸的修行原則是相通的。

心法為上

從佛法來看，一切順逆境界都是我們修行的所緣，順境當然很好，而逆境的「逆增上緣」同樣能使我們成長。只要我們的心打開，面對它、接受它，進一步要處理它，就是用方法來處理。前面說過，觀腿痛也是修行，打坐的目的不是為了練腿功，希望坐到腿不痛。可能有些人已過了腿痛的階段，可以連坐好幾支香，千萬不要因此沾沾自喜，以為腿功練得不錯，修行就有境界了。

修行，主要是鍊心，不在練腿。六祖惠能大師的第三代——馬祖道一禪師參拜南嶽懷讓禪師的公案，古今聞名。據載，馬祖道一禪師經常一整天打坐，有好幾次，懷讓禪師為大眾講完了開示，馬祖道一禪師卻仍在一旁坐著不動。有一天，懷讓禪師就問這位年輕人：「你在做什麼？」馬祖道一禪師說：「我在打坐。」懷讓禪師又問：「你打坐，為了什麼呢？」馬祖道一禪師答：「打坐為了成佛。」過幾天，馬祖道一禪師看到懷讓禪師在樹下磨磚頭，納悶大禪師成天磨磚頭，究竟為了什麼？於是問：「師父怎麼好幾天都在磨磚頭，做什麼呢？」懷讓禪師就說：「我要把這塊磚磨出一面鏡子來。」道一禪師不以為然地說：「把土磚磨成鏡子，天底下哪有這樣的事！」懷讓禪師便順水推舟地說：「既然磨磚不能成鏡，你成天打坐，可能成佛嗎？」這一下啟發了道一的善根，便問：「大禪師啊，那我應該怎麼做？」懷讓禪師問他：「如果一台牛車停下來，不往前走了，你是用鞭子打車呢，還是打牛？」馬祖道一當下開悟。

我們的身體就像「磚」，再怎麼磨礪，也不可能產生像鏡子一般的照明功能；我們的身體也像是「車」，牛車動不了，再怎麼鞭打車身也沒有用。修行是為了鍊心，行、住、坐、臥都是修行，都是我們鍊心的所緣境。

法法都是好法

修行方法沒有好壞、勝劣之別，《六祖壇經》云：「法即無頓漸，迷悟有遲疾。」頓人用漸法，漸法也可能成為頓法；漸人用頓法，頓法也可能變成漸法。因此只要能相應，就是好方法。這次止觀禪七，我們一開始教的是體驗呼吸的方法，如果這個方法用不上，可用數息或是念佛的方法，也可以數數念佛，直接心念「阿彌陀佛一，阿彌陀佛二，阿彌陀佛三」，一直到「阿彌陀佛十」。用方法的時候，不去注意呼吸，而是很輕鬆地數數念佛，同樣也可達到相當於數息的功能。

此外，近期我常分享一種十句念佛的方法，稱作「三三二二念佛法」。這是去年（二〇一八）我從印度朝聖回來修行體驗的心得。一般念佛是為祈求佛菩薩的加被，或是希望能夠進入念佛三昧，但從根本來說，念佛是鍊心的法門。「三三二二念佛法」的原理，是據印光大師的「三三四」念佛法為基礎，再做一點小調整。因為印光大師的年代（一八六二—一九四〇），距今至少已有八十年，這八十年來，我們的社會與生活型態幾經變遷，已從農業社會進入工商、再至資訊時代。現代人的生活步調非常匆忙，身心經常是緊張的，因此我才想到將印光大師的「三三四」念佛方法稍微改變一下，讓現代人更容易運用。

印光大師的「三三四」方法，是「阿彌陀佛，阿彌陀佛，阿彌陀佛」一組，「阿彌陀佛，阿彌陀佛，阿彌陀佛」一組，「阿彌陀佛，阿彌陀佛，阿彌陀佛，阿彌陀佛」一組。三組共十句，念完十句之後繼續念下面的三組十句，這個方法滿多人受用。但是最後一組的四聲佛號，以我自己的體驗來說有點緊。所以我把它拆成「三三二二」四組佛號，同樣念十句完之後再念下面的十句，也非常攝心。

不過，一組一組佛號之間要留短暫的間隔。念的時候是「止」的功能，間隔的時候是「觀」的作用。比如念第一組的三聲佛號，念過就不必刻意去回想，雖然在非常短的時間內念完三句，但一句一句清清楚楚，不會錯亂。第一組與第二組的中間，留一個間隔的空檔，一方面是休息，一方面可以確認前面的確是清清楚楚地念了三聲。這是「觀」的功能，就是知道，並不是去回想，這樣的話，可以用得很好、很攝心。

我們的心，如果能夠安住於方法，一直到統一心之前，都是屬於技術問題，只要方法把握得好，不斷地練習，達成統一心其實不難。但從統一心進到無心並不是那麼容易，到達無心，需要慧觀。慧觀的基礎，須對無常、無我、空的佛法知見有正確而深刻的認知，但在用方法時，不要去想什麼是無常、無我、空，我們唯一的責任就是鍥而不捨、不斷地用方法，始能漸入佳境。

所謂漸入佳境，也不是與前一支香比較。因為每一支香都是新的開始，每一支香都需要付出耐心、毅力，慢慢地、老實地用方法。對修行而言，慢即是快，我們在每個當下很專注地用方法，不求快，一步一步、老老實實地，反而進步快。諸位喝過蓮子銀耳湯嗎？善於煮此湯的人都知道，一定要用文火慢煮，才能讓蓮子不破、不損，卻能入口即化，這叫作「慢工出細活」，用文火煮成一鍋好湯。修行也是如此，不求快，而是很輕鬆地、慢慢地以「文火」用功。

（二〇一九年十二月二十五日，法鼓山中階止觀禪七第四天開示）

有與空

每個人都有出生的故鄉，我生於雲林斗南鎮的鄉下農家，那時候的房子幾乎都是「土角厝」（泥磚屋），當年還沒有現代化的照明設備，有時回家晚了，路上一片漆黑。

恐懼和孤獨

我小時候很怕黑，印象很深的是小學畢業前，騎腳踏車到鎮上補習的經驗。那時升國中的義務教育雖已開始了一、兩年，補習風氣仍很盛，為了讀私校，我在小學畢業前幾個月，也開始補習。補習班位於斗南鎮上，距離我家約三、四公里，每天傍晚下課回家後，我摸黑騎著腳踏車去鎮上補習，課後再騎車回家，往往已經深夜了。還記得每次騎車前往鎮上，因為沒有路燈，一路黑漆漆，在凹凸不平的馬路上，唯一的燈光，是腳踏車後輪產生的前燈，它是摩擦發電的原理，騎快一點它就亮一點，騎慢一點它就暗下來。當時汽車很少，偶爾會與對向車道的機車或是腳踏車擦身而過。只要遠遠見到對面出現燈光，真是非常欣喜！當然在車燈交會後，仍是我獨自一人，在黑夜裡孤單又害怕地騎著腳踏車。那段時期大概有好幾個月，對一個小學六年級學生而言，真的是很害怕。

小時候也怕「墓仔埔」（墓地）、怕見棺木。當時村裡有人過世，就安葬在離村莊稍遠的墓地，即「墓仔埔」。每年到了甘蔗收成的季節，小孩子就到田裡撿蔗尾餵牛吃，常常要經過墓地，而我不是快跑，就是繞路。還有，鄉下辦喪事，棺木是從鎮上買的，再以人力拖車運回喪家，雖然長輩都告誡小孩不能看，但在好奇心驅使下，雖然有些恐懼，還是會偷瞄、偷看。

小學畢業後，我考上嘉義輔仁中學初中部，學校位於八掌溪旁。我第一次感到生死震撼，即是因為有個同學在八掌溪游泳溺斃，另有一個同學喝農藥自殺。或許是這些切身的經歷，促使我開始思考：「人從哪裡來？」「宇宙有多大？宇宙的外面是什麼？」這類奇奇怪怪的問題。甚至初中畢業那年，我在畢業紀念冊上題了兩行字：「願你我在宇宙之中、宇宙之外，得大自由、大自在。」現在回想起來，真覺得不可思議！

而在我考上大學那年，有一位同學未完成報到，聽說是到碧潭游泳而溺水往生了。不久又聽到一位初中的同窗考上臺大物理系後，參加登山社去挑戰奇萊峰，就這麼一去不回。此外，我舅公的兒子當傘兵，平時很健壯的一個人，不知什麼原因，突然就往生了。這些突然離去的親人和同學，使我感受到死亡近在眼前。

出家後，我對生死已有不同的體認。特別是在日本留學考上博士班時，聖嚴師父的好友，桐谷征一教授熱心為我介紹一處稍寬敞的租房，地點就在他東京寺院的對街上。我常到當地寺院參拜，他們的寺院布局，最深處往往是墓地。寺方定期舉辦法會，像是盂蘭盆法會，也會去整理壇家的墓牌，我幾乎每天就待在他們的寺院大殿後面。自此以後，對墓地便不再覺得可怕，對死亡也看得比較平淡。

生與死

死亡，確實近在我們身邊。比如法鼓山旁的環保生命園區，每天都有義工輪值，協助往生者的家屬們完成植存過程。另外，日本立正大學三友健容教授的女兒，現今屬日蓮宗的埼玉縣高應寺住持酒井菜法，曾在法鼓文理學院舉行的演講中，分享如何將佛法帶進醫院，關懷癌末病友。一般我們會建議重症病人最好能有宗教信仰，因為在這個階段，多數的病友對於死亡以後的世界會感到惶恐、憂懼。酒井菜法住持分享，有些病友難以向家屬、醫護開口的心底話，反而很放心地向他傾訴。因為宗教師的身分，帶給他們很大的安慰感，他也教他們念《南無妙法蓮華經》經題及做念珠，透過這些修持方法，幫助病友減少憂懼。我聽了他的演講滿受感動。

不久前，新北市汐止區一個社區協會的工作人員，到法鼓山上來見我，他說他們的社區約有五千人，老人比例約占百分之二十，身體還算健康，就是心情比較不穩定。一般來說，長者如果沒有宗教信仰，一旦老病相侵，往往便是身、心二苦交迫，還有，不知道要如何面對死亡。建議最好能夠念佛，法鼓山的長青班辦得不錯，接受課程的老菩薩在心情或是生活各方面都安定許多。

有與無

事實上，我們每天都生活在諸行無常的變化之中，這是非常真實的經驗，然而這些經驗，是透過我們的五種感官所體驗到的直覺經驗，與佛法所講的真實是不同的。比如現在人類的科技、科學發展，最發達的是資訊科技，而資訊科技最基本的元素是由0與1組合。事實上，從古至今，人類文明所累積對宇宙人生的所有知識和常識，最基本的認知就是「有」和「無」，或是「存在」與「不存在」。用符號來代表，即是1與0。0代表「無」，1代表「有」。然而0一定是「無」

嗎？以一百萬的1000000為例，一個「1」，後面跟著六個「0」，這後面的六個「0」，是「無」還是「有」呢？當然是「有」的。

因此，從佛法的角度，世間對宇宙人生的所有認知都是顛倒的。所謂顛倒，即是有與無、生與死、老與少、明與暗等二元對立，最固執的顛倒就是有見、無見。有、無之見，不合乎緣起法；緣起法不是實有、也不是實無，而是因緣生則暫有、因緣滅則暫無，叫作中道見、中觀見。比如我們吃飯時，飯是有呢？還是沒有？當然是有，但真正的有嗎？不是，而是因緣有。飯從米來，米從穀來，穀從農夫耕作而來，然而當我們把米飯吃下肚，經過胃腸的吸收消化，再排泄而出，那又變成沒有，所以並不是真正的有，也不是真正的沒有。我們的感官所看到、聽到、接觸到、想到的一切，既不是實有，也不是實無。因此，要解行、實證中道因緣法的無我空，才能夠突破生死的束縛。

世間法之中，道家對宇宙人生的認識算是比較深刻些的，道家認為「有無相生」即構成宇宙的全部，但對於「有」與「無」，道家是更崇尚「無」的。老子說：「天下萬物生於有，有生於無。」又說「無名天地之始」、「道生一」，認為「無」的性質即是宇宙的本體——稱為「道」或「自然」。歸根究柢，這樣的「無」只是一種無可名狀的「無」，不同於佛教的「空」。佛教所說的「有」與「空」，看似對立，實是一體的兩面，「有」代表因緣有，「空」則是指因緣所生的任何現象，其自性畢竟是空，稱為自性空。這個「空」，相當於「不實在」的意思，而不是「不存在」的意思。故《心經》云：「色不異空，空不異色；色即是空，空即是色。受、想、行、識，亦復如是。」

節節揚棄、節節上升

我們用方法的修行過程，也要運用「有」與「空」的原理，也就是說，我們的心與念頭不是對立的，知道「有」妄念，更知道妄念是「不實在」的。因此，面對妄念，不必去克服、壓制它，而是知道以後，馬上回到修行的方法。這次禪七，大部分學員都坐得不錯，好像只有少數幾位有點昏沉。昨天提到請大家以「文火」用功，但還是要看著這個小火，並不是不管它；還是要有觀照的力量，才不會陷入昏沉。

聖嚴師父開示的影片，介紹了多種禪修層次和相應的方法，但我們不需要把每種方法都拿來練習。師父介紹修行觀念的釐清和方法的運用，是對應不同禪眾的各種狀況，因此講述不同的方法，但是我們每位禪眾用方法時，還是回到自己最相應的方法。至於什麼時候換方法，那是自然而然的過程。

修行如火箭升空，往上一層一層高升的同時，也會一節一節地放下。我們現在處於哪一節，就把這一階段相應的方法用好。當我們把這個階段的方法用得純熟，自然會進入下一個階段。請諸位不要急著丟棄現在正在用的方法，趕著升級。這樣的話，你這一節的火箭還沒有燒完就放棄，火箭就沒辦法升空了。把這一節的火箭燒盡是你的責任，如果現在已經是第三節，就把第三節的這個過程走完，自然會往上升級。

回到每個人最能夠把握的方法，鍥而不捨地用方法。不要以為同一個方法我已經練十年了，應該要換方法。所謂「十年磨一劍」，更何況是鍊心的方法？現在的方法就是最好的方法，不跟別人比較，也不跟過去比較，只管一心一意地在現在的方法上用功。

用功，也不僅止於打坐，隨時隨地都可以用功。吃飯的時候一心一意吃飯，走路的時候一心一意走路，雖然在動中，你的心還是保持著單一的所緣，隨時隨地在單一的所緣上用心，就是在修行。修行不限在禪堂，禪堂外的一舉一動也都是修行，如此練習、如此用心，工夫自然成片。

夢中人

好像有人晚上睡不好，因為同寢室有人打呼。寮友打呼，過了就沒有了；也有可能一整夜打呼的，那就把寮友的打呼聲當成所緣境，知道後，馬上放下，繼續睡你的覺。不要在心裡「錄音」寮友的打呼聲，再重複對自己「放音」，那是妄念相續。也有可能聽到寮友說夢話，你也不需要去搖醒對方：「不要再說夢話了。」聽到就是聽到，繼續睡你的覺，因為他在說夢話，而你聽到這件事，也是在做夢，就像我現在對大家說話，也是在說夢話。《金剛經》云：「一切有為法，如夢幻泡影，如露亦如電，應作如是觀。」寮友打呼或說夢話，不必在意，其實他在夢中，你也在夢中，又何必煩惱呢？

如果不是受寮友影響，而是自己本身的因素無法入睡，那可能有兩種原因：一種是修行用上力，可能不需要太多的睡眠時間，這不是壞現象。如果安板後還是沒有睡意，可到大殿繼續打坐，但是回房時不要干擾房友。另一種是放不下而造成身心緊張，因此沒辦法入睡，這時可以到大殿拜佛。拜佛的速度自己調整，拜到身體有點疲倦再回寮房，應該就很好睡了。

因個人因素而睡不著覺，通常是因為頭腦緊張、沒有放鬆，技巧就是注意力不要放在頭腦。我們用功時也一樣，不是用頭腦用功，不是用頭腦去注意呼吸、數息、默照、參話頭。比如體驗呼吸，只需要用一點點力去知道、意識到鼻前人中的部位接觸到氣息的出入，而全身在任何時候都是放鬆、不用力的，這樣的話，才不辛苦、不費力、不會緊張。

（二〇一九年十二月二十六日，法鼓山中階止觀禪七第五天開示）

放下什麼？提起什麼？

時間過得很快，明天是禪七最後一天，後天早上，諸位即將解七出堂，真的是「後三天快馬加鞭」。

我是一九九七年到日本留學，而在法鼓山落成開山的二〇〇五年，拿到學位回到臺灣。在法鼓山開山前兩年，亞洲地區發生 SARS 疫情。這場疫情首先於二〇〇二年在中國大陸的廣東省傳出案例，接著陸續見到亞洲其他地區也有案例發生，臺灣則於二〇〇三年三月，爆發臺北市和平醫院的小規模群聚感染。那段時間，臺灣的感染病例約六、七百人，而有八、九十人病故往生，直至六月底才解除警報。

同時期，我俗家的男眾老菩薩因病入院，倒不是感染 SARS，而是一般病疾住院，很遺憾地，就這麼往生了。當時由於疫情管控，我沒能及時回來參加老菩薩的身後佛事，但是我很感謝僧團，包括聖嚴師父的慰問，及當時擔任關懷中心監院的現任退居方丈果東法師和好幾位菩薩到我俗家關懷助念。入夏後，我才返回臺灣，就在雲林鄉間的靈骨塔，抱著老菩薩的骨灰罈痛哭一場，無法為他老人家送終，真是非常感傷。

一時埋卻

禪宗大德常比喻：「大事未明，如喪考妣。」我們每個人都在生死之中流浪，不知道家鄉在哪裡，看不到自己的本來面目，那種悲愴就如遭逢父母過世一樣的傷慟。禪宗有一則公案就記載百丈懷海禪師與弟子之間的生死對話。有一次，百丈懷海禪師正在說法，突然來了個出家僧人哭喪著說：「我的父母都死了，請和尚選個時間處理後事。」懷海禪師回：「明日來一時埋卻。」

這位僧人問的是生死問題，生死之急迫，如逢雙親過世，百丈則要他把一切都放下，不僅埋掉已故的父母，就連僧人及現場所有聽法的人全都一起埋了。意思是不要執著，統統放下。

過去的修行人，如果修行未能開悟，會被譏諷為「無禪無淨土，來世披毛戴角還」；如果念佛沒有念到念佛三昧，就代表修行沒有成就。所以，正在用功的修行人多半都是愁眉苦臉，為自己修行還沒有成就、不能了脫生死，而終日如喪考妣。

愈是有修行的人，如喪考妣的心愈重。也因此，旁人眼中所見的佛教徒，往往是眉頭深鎖的苦相。

我出家的最初幾年真的是這樣，很少有笑容。聖嚴師父就告訴我要練習微笑，但我也不知道如何微笑，師父就進一步指點我，要像佛菩薩那樣從內心散發喜悅的微笑。佛菩薩的笑與羅漢的笑有點不一樣，羅漢或者大羅漢的笑是一種沒有拘束、很開懷地笑，表示已得解脫。佛菩薩的笑，就如法鼓山園區大殿的三尊佛像，或者觀世音菩薩、地藏菩薩、文殊菩薩及普賢菩薩像的笑是自在的，表現出一種莊嚴自在的喜悅。

所以，有段期間，我就把祈願觀音殿的觀音菩薩像小卡放在僧袋裡，有空就對鏡練習觀世音菩薩那樣的微笑，練了滿長一段時間。雖是土法煉鋼，但是很有用，至少現在比較會笑了，還是有進步的。

法喜禪悅

到了今年，法鼓山馬來西亞新道場落成，當天佛教界貴賓雲集，幾乎大馬地區所有教界團體都派代表出席了，可謂盛況空前。事後我才理解到，因為馬來西亞的國教是伊斯蘭教，佛教並非主流宗教，這也促成了當地佛教界非常團結，凡是教界活動，都是不分你我，盛情參與。

當時有一位他寺的法師跟我分享，現在佛教要接引大眾，特別是接引年輕人，必須要調整著力點，不要老是從苦談起，而要優先宣揚學佛的歡喜、快樂。因為大乘佛法講求利他的慈悲，慈的意思是「予樂」，悲的意思是「拔苦」，因此要先予樂、後拔苦，慈悲要予樂拔苦。

確實，佛法常談到苦，以「苦」為四聖諦之首，又說三苦、八苦、諸受是苦……。而佛法所說的樂，並不是五欲之樂，而是禪悅法喜，即如聖嚴師父所說：「時時心有法喜，念念不離禪悅。」我們在修行的時候，發現妄念起，也要帶著歡喜心感謝妄念，因為沒有妄念，我們就不知道有正念。以歡喜心感謝妄念，但是不跟著妄念走，這樣的話，我們就不會討厭妄念，而繼續提起方法用功。

念念都在用方法，就是一種法喜，即便是腿痛，也要感謝，不要討厭它，即時回到方法上。以「九住心」而言，第一個階段是「內住」，就是開始用方法，已經有主要的方法。其次「續住」，以數息來說，能夠持續一段時間用方法，方法沒有丟掉。再來是「安住」，便是粗的妄想心已經沒有了，但是細的妄念還會出現，漸漸地，方法持續而不間斷，就是「近住」。再進一步，進入「六妙門」的「隨息」，只剩下「方法」與「我」的兩條線，相當於九住心的「調順」、「寂靜」、「最極寂靜」，已經有輕安境出現了。如果與統一心相應，就是「專注一趣」和「等持」，這已經進到禪定的層次了。

打個比方，從臺北搭乘高鐵到高雄有兩種選擇：一種是站站停，一種是跳蛙停，不論選擇為何，重要的是上車。如果你覺得某一車次較快，可是你卻遲到了，只能眼睜睜地目送高鐵離去，還是無法上車。所以，能夠上車才重要，只要能坐上車，無論哪一種車次，只要中途不刻意下車，就一定可以到達終點站。

提起初發心

當然，起點是最重要的。佛教把修行的起點，稱為初發心，《華嚴經》云：「初發心時，便成正覺。」我們修行，目的不為自己，而是為了奉獻給佛法和眾生。有這樣的初發心，自我中心的執著就會漸漸減少，而我們的心會打開，修行更容易得力。當自我的執著、自私全部放下時，就能與無我的空慧相應。

修行過程當中，凡是有妄念出現，都和自我有關係。假使我們發願心，修行不為自己，而是為了度眾生、成就佛道，就不會在乎自己修行的狀況和結果。什麼是在乎呢？有的人可能打過數次禪七，如果覺得自己仍在原地踏步，很懊惱，希望自己能如火箭升空，趕快進入更上層次的境界，那就是在乎。這樣的話，大概不容易用上力。

這也是聖嚴師父所說，要像小孩子那樣，以半認真、半遊戲的心情修行，而不是百分之百的認真。百分之百的認真，一定是很緊張，頭腦緊張，心情也緊張，連睡覺都會緊張，方法不易用上。帶著小孩子玩遊戲的心情用功，很輕鬆地、無所求地用功，方法才容易用上去。如果不知道什麼叫作著力點，那就全部不管，把所有的念頭，無論正念、妄念全部放下，也是很好的修行方法。當然，最踏實的修行，還是要從有著力點的方法進到沒有著力點的方法。

慈悲心、平等心

禪宗有一則公案，嚴陽尊者向趙州從諗禪師請益：「大和尚，我已經修行到什麼都沒有了，現在怎麼修呢？趙州禪師說：「這樣啊，那就放下吧。」嚴陽尊者回：「已經什麼東西都沒有了，還要怎麼放下？」趙州禪師說：「既然放不下，那就提起來吧。」

雖然開悟是我們修行的目標，但在開悟之後還是要繼續修行，並不是開悟之後就不需要修行了。開悟只是開了一扇門，看到一點自性的心光，但也可能見到一點心光之後，馬上就消失了；如果是淺悟、小悟，心光乍現，很快就會消失了。我們現在雖然尚未開悟，只要掌握正確修行的觀念和方法，仍然可以不斷地往前走。

不論妄念、正念，都以慈悲心、平等心對待，就沒有分別心。如果討厭妄念而歡喜正念，那就有了分別心。不論正念、妄念，都以慈悲、平等對待，妄念漸漸就少了。因為我們平等對待一切，妄念也就被熏化成正念，便能與止觀相應；最後把純一的正念也放下，便能與無我的空性相應。請大家每支香都以感恩心、歡喜心、禪悅心來用功，祝福大家。

（二〇一九年十二月二十七日，法鼓山中階止觀禪七第六天開示）

涓流充電

今天就要解七了，諸位要很歡喜地慶賀自己完成了一次精進禪七。短短七天之中，聖嚴師父開示的影片，已將戒、定、慧三學做了精華的總複習，而且都是非常實用的禪法，這是我們首先要感恩的。更要感恩從釋迦牟尼佛至歷代大德祖師的代代相傳，將這麼好的佛法毫無保留地傳授給我們。當然，我們也要感恩內外護法師和義工菩薩的照顧，以及我們大家互相增上的共修力量，成就了如此殊勝的禪七因緣。

諸位從進禪堂的第一天，即已交出手機，由禪堂集中保管。解七後，你們可能會迫不及待開機，檢查信息。現代人幾乎人手一機，而為了隨時使用，手機必須要經常充電。常見的手機充電法有三種：快速充電、一般充電及涓流充電；修行的人也要經常充電。

三種充電法

第一，快速充電，即是參加精進禪期。諸位經過八天七夜密集的禪修作息，相信每個人都在佛法的觀念和方法運用上更深入了，帶著蓄滿的能量，法喜充滿，重新出發。但在禪七的快速充電後，假使沒有持續充電，電池很快就會耗盡。所以，要把禪期所學習的觀念和方法，運用到平常生活當中，這樣的話，修行就能如順水推舟，更上一層樓。

第二，一般充電，每天要有固定的定課。除了打坐之外，如果能有誦念、讀經、念佛、禮拜等修行定課，兼重法義與實踐，那就更好。

第三，涓流充電，這是更微細、更殊勝的充電法。除了精進禪修和每天的定課之外，日常生活中，隨時隨地把我們的心安在當下，時時修行、處處鍊心，也就是禪宗所講的：「道在生活日用中。」

《金剛經》亦云：「過去心不可得，未來心不可得，現在心不可得。」我們雖然還做不到「現在心不可得」，但在生活當中，隨時隨地把心放在現在，我們就能有很大的受用。如果平常生活當中，仍有太多的過去心、未來心，而要做到「現在心不可得」是不可能的。把所有的著力點放在現在，以當下為著力點，就是「涓流充電」，每一個當下，都用佛法來待人處事。

善惡三層次

佛法的修行，不離聞、思、修、證四個階段。在聞、思的階段，主要是明辨「有善有惡」，修的階段是「修善止惡」。以慈悲心幫助他人斷煩惱、廣度眾生叫作修善；以智慧心幫助自己斷煩惱叫作止惡。而當我們可以做到「無善無惡」，便是悟境出現的慧證。

但是，有些人可能會有一種奇想，認為自己已從聞、思階段，知道世間法「有善有惡」，也知道出世間法的徹底慧悟是「無善無惡」，所以就急著省略、跳過中間的「修善去惡」，希望能夠直通頓悟法門。就如起三層樓房，既然第三層樓是最高、最上，不如只蓋第三層，省免底下的第一、二層，豈不是更省事？但這有可能嗎？不可能！直接於地基架起四根柱子，中間挑空，直接蓋第三層樓，以現代的建築技術或許不成問題，但建築的安全性堪憂，不要說是地震，可能一陣強風就把房子吹垮了。

所以，從有善有惡、修善止惡到無善無惡的這三個過程不能跳級，特別是「修善止惡」階段，正是我們修行的著力點，不可輕忽。如果輕忽會怎樣呢？就像大家解七後回家，可能每天都很精進地打坐，但是除了打坐以外，家裡的事一概不理，也不去上班了，而法鼓山缺少義工，大家也不來做義工，只想著下回再報名禪七。這就是完全漠視「修善止惡」的日用實踐，這樣的人不可能開悟。我們只要有一秒鐘、一分鐘的呼吸，除了珍惜、感恩，就要想到為眾生奉獻服務。修行如果缺少福德因緣，一定是障礙重重，不容易成就。

培福有福

一般人或許以為行善修福，不是很重要，其實修福是修慧的著力點，重要的是修善而不去執著福報。法鼓山二〇二〇年的年度主題是「培福有福」，著力點是：

「廣結善緣，大家來培福；感恩知足，人人有幸福。」正是福慧雙修的法門。

修行時，我們的心隨時隨地在方法上；日常生活當中，我們的著力點也在當下的身心，只管現在，不管過去和未來。但是不管過去及未來，並不是對過去不必檢討，對未來不需計畫，而是對過去不追悔惦念，對未來不懷抱空想。我們對於過去還是可以檢討，檢討的時候，我們的心在當下。我們對於未來還是可以計畫，計畫的時候，我們的心在當下。隨時隨地，心在當下，該做什麼就做什麼，便是「止」；隨時隨地，心在當下，對於自己正在做的事，清清楚楚地知道，就是「觀」。所以，止觀不僅是禪修的方法，也是我們日常生活當中待人接物的心法。

佛法的修行，不是僅限於禪堂，出了禪堂照樣可以用，否則佛法的用處就很有限了。而且，在生活中實踐佛法才是更重要的。諸位已經蓄滿禪悅法喜，接下來你們的責任是分享禪悅法喜，廣結善緣，培福修慧。祝福大家。

（二〇一九年十二月二十九日，法鼓山中階止觀禪七解七開示）

止觀、慧觀與空觀

——二〇一六年中階止觀禪七開示

運用緣起法修止觀

我們所用的止觀，並沒有離開傳統的修行方法，「止」相當於五停心的範圍，「觀」相當於四念住的內容。四念住，又稱為四念處，有別相念處與總相念處，我們重於總相念處。所謂「觀」是觀心法，法就是緣起法，而大乘漢傳佛教根據的是如來藏緣起，又稱為淨心緣起或真如緣起。緣起是佛法最重要的核心及特色。什麼是緣起？佛世時期，舍利弗尊者初見馬勝比丘，見其威儀端嚴，心生仰慕，心想這位比丘身儀不凡，他的老師當也非凡。於是趨前請教：「請問尊者的老師是誰呢？這位老師的教導法又是如何？」馬勝比丘如此回答：「我的老師是佛陀。」並為說緣起偈：「諸法因緣生，諸法因緣滅，我師大沙門，常作如是說。」舍利弗聽了，當下證入初果。一切現象，隨因緣和合而生、隨因緣離散而滅，當中並沒有一個固定、不變、永恆的主體，這就是釋迦牟尼佛所教的緣起法。

緣起、緣滅

緣起的本質是空性，稱為緣起性空，從原始佛教的教法到其後的大乘三系，乃至現在的南、北傳佛教，修行所要證悟的，或許稱法有所不同，但皆不離此緣起無我的空性。緣起法既是無常、無我、空，也就不存在一個恆常、不變的我。但是一般人認為，總有一個能夠主宰的「我」，且是永恆的存在，因而據此謬誤認知，叫作無明（avidyā），因無明而產生種種貪、瞋、癡的身心行為，就稱為緣生，而種種從緣生現象所得的果報就是苦。然而既是緣起，即緣起緣滅，一切法皆從因緣所生起，故也從因緣而消滅，所以苦也是可滅除的。如何做到呢？那就要修道，修行而能實證緣起的空性，就是苦滅。這也就是四聖諦所講的苦、集、滅、道，包含兩重因果；苦、集是緣生的因果，滅、道為緣滅的因果。

從十二因緣來看，有情的生命是順著十二因緣的循環而走。開始是無明緣行，這是指造成過去世的因；其後，行緣識、識緣名色、名色緣六入、六入緣觸、觸緣受，這是現在世我們所得到的五蘊身心的苦果。所謂的苦有三苦：「苦苦、壞苦、行苦。」另有八苦：「生、老、病、死、愛別離、怨憎會、求不得、五蘊熾盛苦。」一般人於嘗受苦果的同時，仍繼續造業，由於貪、瞋、癡，而生愛、取、有的業因，「有」即會續起下一世的生及老死的業果。

反過來說，老死是因有「生」。一期生命的生是怎麼來呢？是因過去世的造業「有」，尚未證悟解脫的三界眾生都離不開「有」，稱為「三有」：欲有、色有、無色有。而「有」從「取」來，「取」又從「愛」來。愛，即是貪愛，不論喜歡、不喜歡，都是「愛」的表現。「愛」從「受」來，溯前則為「觸」、「六入」、「名色」、「識」。於是我們知道：有情生死的苦果是順著「緣生」的十二因緣的歷程而來，修行則要反其向而行，逆著十二因緣走，以「緣滅」而出離生死。

修行從意識下手

無明、行是過去世的二因，而做為現在世五果的首項是「識」，因此，修行主要是從「識」下手——特別是第六意識。第六意識有兩種：獨頭意識與五俱意識。日常生活中的散位獨頭意識的心念，轉動非常地快速，唯識學稱為「恆轉易」；依五根而與第六意識俱起的五俱意識，則較容易掌握。五俱意識有眼、耳、鼻、舌、身五種識，比如數息觀，是透過身觸及身識。呼吸的出入，於身體是身觸；感覺到、知道呼吸接觸到身體是身識。所以，體驗呼吸，事實上是結合身觸、身識及第六意識來修行。大乘佛教講八識，第八識是第六識的倉庫，而第七識執此倉庫為我，兩者均無法直接用來修行，只能從第六意識來去除我執。我執，有「分別我執」及「俱生我執」，修行先從「分別我執」下手，「俱生我執」要到比較高階的修行才能破除。如果是念佛法門，那就是透過耳觸、耳識和第六意識來修行。

修行若能得力，可產生定、慧工夫，就可以從「識」倒回去破「行」，也就是諸行。所謂「諸行無常」，諸行即諸法，諸法本來無常、無我，但是一般人總覺得有常、有我，所以必須透過「識」的定慧修行，倒回去破除「行」，更深則是破根本「無明」。所以，修行是從「識」下手。

止觀與四念住、七覺支

透過修行，可以逐步地反轉十二因緣的生死鏈鎖，主要的方法就是四聖諦所講的「道」。道，指「八正道」：正見、正思惟、正語、正業、正命、正精進、正念、正定。我們在禪期中，主要是修習正念，從正念入正定，由定而開發智慧。定，有世間定及與智慧相應的定，修定而能與慧相應，便可開智慧。

從次第禪法而言，正念，主要是修「四念住」：身、受、心、法，這是最基礎，也是最重要的。往上依序有四正勤、四神足、五根、五力、七菩提分、八正道分，即構成完整的三十七道品次第。

這次禪七，我們主要是修止觀法門，但也可與四念住和七菩提分對照。對照四念住，止的工夫，即是透過觀「身」、「受」，達到「心」的統一，也就是從散亂心至集中心，而達到統一心，這主要是在修「止」。而透過聞思修學的熏習，建立對「法」的正知見——無常、無我、空；再透過正知見、正思惟的熏習，漸漸轉化身、口、意三業的行為。故在做慧觀時，這無常、無我、空的法，就成為修行的所緣，與定相應時，稱為「正定」，那就是從「觀」達到慧。

七菩提分，也稱作七覺支，第一是念覺支，第二是擇法覺支，第三是精進覺支，第四是喜覺支，第五是輕安覺支，第六是定覺支，第七是等捨覺支。止觀禪法的「止」，相當於念覺支，是把我們的注意力持續放在同一個所緣；「觀」是擇法覺支。如果修行用上了工夫，就會感受到喜悅（喜覺支）、輕安（輕安覺支），進而與禪定（定覺支）相應。至於為什麼定覺支之後，還有一個等捨覺支？這是因為修行者體驗到自己的身心與定相應時，往往會起執著心。南傳《清淨道論》即指出，修觀與定相應時，可能會起十種雜染、十種執著。《心經》也告訴我們，真正的慧，是無智亦無得，故凡有所得皆是雜染。

體驗呼吸

止的修法，從體驗呼吸開始。很多人不容易體驗自然呼吸，甚至會緊張得不知道怎麼呼吸，甚至變成控制呼吸。體驗呼吸是透過身觸，體驗呼吸從鼻端出息、入息的感覺，那是自然的呼吸，而非刻意想像；如果是想像的，就會變成機械性的呼吸、控制呼吸。

有一種海鳥叫信天翁，這種鳥很聰明，牠們飛行時相當貼近海平面，順著風浪帶動的氣流，飛得很輕鬆、不費力，往往能夠飛得很遠。體驗呼吸的技巧就如這種飛鳥，順貼著海上的氣流就好，不去干擾呼吸，而是自然地出息、入息；呼吸長就讓它長、呼吸短就讓它短，不論有任何變化，就是自然地呼吸。這個時候，我們只要做一件事，就是讓身體放鬆。還有，在用方法的時候，我們的心可能會有點緊，這時要告訴自己把心放鬆。身心都放鬆，自然地呼吸，這樣的話，我們就不會干擾呼吸，就像乘著氣流的海鳥，飛得很輕盈。

不干擾呼吸之外，還要留意一種情況，還是藉海鳥做比喻。海鳥的飛行，也不能遠離海平面，否則就搭不上氣流了。剛開始學禪修的人，若不是控制呼吸，就是昏沉、打妄想，兩者同樣都是丟掉方法。容易昏沉，通常是因坐姿不正確，發現時就把自己的姿勢調整過來，使自己的頭部、頸部、背部和蒲團拉成一直線。如果是打妄想，代表念頭已離開方法，無邊漫遊去了，而且常常演變成「看電影」。有些人打坐，經常是在「看電影」，主角是誰呢？就是自己。有這些現象，是因身心過於鬆散所致。所以，用方法要不緊、不鬆；太緊會干擾方法，太鬆則離開方法。

體驗呼吸是用身觸、身識及第六意識。把身體放鬆，我們就可以看著自己的呼吸，「體驗」如海鳥那樣地輕鬆自在，而「呼吸」本身則如海面起伏的波浪。呼吸代表身，識代表心，這就容易達成身與心的統一。

（二〇一六年八月七日，法鼓山中階止觀禪七第一天開示）

斷十二因緣「念」鎖

十二因緣，不僅是佛教具有特色的義理，也是實修的法門。十二因緣的任何一支，都可以用來實修。比如「生」緣老死，依《中論》所說，就是用「四門不生」即「非自生、非他生、非共生、非無因生」，唯是「因緣生」，來破除外道所講的「自性生」。又如生緣「老死」，從「老」入手，同樣可以破解對「生」的錯誤認知。

破解「老」的謬誤

「老」的過程，是每個人都能夠體驗到的，然而「老」究竟是真是假？就如這次學員，從二十歲至七十歲都有，是否二十歲就代表年輕？七十歲即意味著老呢？又如我於二十多歲出家，大學畢業後服了兩年兵役，再住進農禪寺當行者，翌年出家，今年（二〇一六）已年近六十；二十來歲就算年輕，六十歲便是老嗎？

偶爾我會拿出大學時期的照片，看著照片中的自己，也看看昔日同學的影像。其實畢業後，我和同學已很少見面，但他們每個人的名字我仍記得。看照片時，覺得時光彷彿倒流，一下子又回到二十來歲的光景。可是照照鏡子，發現臉上多了幾條皺紋，才覺得自己真的老了！因此我會想：「二十歲的我和現在的我，真的是同一個人嗎？」

諸位有沒有想過這個問題？在感受上，我們總覺得二十歲的我還是我，因為看著照片中的自己，你不會說那是別人，而別人見你二十歲時的照片，也不會說那不是你。所以我們常認為，二十歲的我和現在的我是同一人，但這當中有沒有矛盾？

嚮往青春永駐，願歲月永遠停留在二十歲，是多少人企求的美夢，但是每個人也都感受到自己是一天天、一年年地老了。這是我們思想上的嚴重矛盾：覺得二十歲的那個我還在，卻發現二十歲的我，並沒有來到現在六十歲的我，所以發現自己老了。

念念追逐生煩惱

而我們怎麼覺得自己老了？因為比較。比較，是世間的知識範疇，包含我們的念頭，都是透過比較產生的，就好像電腦存了許多資料檔案，電腦要出現一個反應的時候，也是從資料庫透過比較而產生。

現今最尖端的資訊科技，比如法鼓文理學院圖書資訊館入口有一牆《心經》影壁，由0與1這兩個符號組成。1代表「有」，0代表「無」；而「無」究竟是有還是沒有？其實，「無」也是「有」的一種形式。生與死，也是一樣，「死」不是沒有，而是「生」的另一種形式。

我們的念頭、生活經驗，都是透過比較產生。比如禪堂的光線是明亮的，地板現出淺咖啡色澤，這都是透過比較產生的認知，若不是透過比較，我們不會有這種認識。就如我們的大腦記憶裡儲存許多檔案，一接觸外境，立即反應、判斷，這是人類的認知經驗系統，經由比較所產生的認知行為模式，事實上即是前念與後念的關係。

一般人的經驗，每一個新生的念頭都無法擺脫前一念，因此念念追逐，順著十二因緣走。當下的念頭與前一念牢牢綁住，繼續往下追逐，而產生相續、連鎖的因果關係，這就是煩惱產生的主因。因此，念頭的生死——念念生住異滅，便無法見到本來面目。

禪者的五種念頭

修行，即是逐步對治這些由心念而生的煩惱。永嘉大師於〈奢摩他頌〉中說，禪者的念頭可分五類：故起、串習、接續、別生和即靜。

「故起」，是故意的念頭，比如打坐時可能覺得沒什麼味道，體驗呼吸也沒什麼味道，倒不如讓思緒漫遊，說不定還可憶起早已遺忘的塵封往事，也比較容易打發時間。這就是故起。

「串習」，這類念頭在修行過程中較常出現。也就是我們曾經歷的一些事情、或是相關的念頭，不由自主地冒出來，主要是因日常的習性所致。

「接續」，是第一個念頭生起，第二個念頭隨之相續。不僅白天如此，夜晚做夢也是一種念頭接續的現象。比如做了一個夢，醒來後覺得奇怪：「怎麼會做這個夢？」接著便回想夢境內容。又如做了好夢，意猶未盡，覺得不回想那多可惜，反正只是憶想，又不花錢。雖然知道是夢境，可是心裡捨不得，好不容易做了個好夢，與平常經驗不太一樣，那就有點稀奇了，覺得能做這個夢也不簡單，當然要好好回味一下……。這就是接續，從夜晚做夢的前後經驗，容易理解念頭的接續，但白天的念頭活動，也無時無刻不是接續地存在。

「別生」，是發現生起一個妄念後，隨即起慚愧心悔改，回到正念。「別生」對於對治妄念來說是有用的，卻不同於念念當下的正念。

無論是故起、串習、接續、別生，覺察到有這四類念頭，都要放下；念念都在當下的方法上，就叫作「即靜」。到最後，連即靜的一念也要放下，才能與無念的智慧相應。

《圓覺經》云：「居一切時不起妄念，於諸妄心亦不息滅；住妄想境不加了知，於無了知不辨真實。」從定慧等持、止觀雙運的立場來看念頭，也可做為我們實修的指引。「居一切時不起妄念」，是我們修行希望達到的目的。「於諸妄心亦不息滅，住妄想境不加了知」，覺察自己打了一個妄想，所謂「知妄即離，離妄即覺」，不需再起一念頭去打消前面的妄想，更不去追逐為什麼會打這個妄想？「於無了知不辨真實」，比如在體驗呼吸的時候，覺得好像有什麼妄念在潛意識裡快要冒出來了，這時我們會起警覺心，但也要讓警覺心放鬆。覺察有念頭要冒出來時，還是不去管它；知道而不去管它，妄念就消失了。

若能念念在當下，念念都是新的生命，我們每個人都是不「老」的。「老」是從現在一念與過去的一念比較而來，因此世間認知有少、青、壯、老；但從佛法的智慧看，沒有這些問題。

我們很不容易有打禪七的因緣，從第一天進禪堂，就已經感受到禪堂修行的氛圍。有些人可能已參加好幾次，甚至打了一、二十次禪七，一次一次來參加禪七，我想諸多因緣中，也包含禪堂具有攝心的氣氛，請大家珍惜這個福報。禪七的第一、二天，可能多數人還處於調身、調心、調睡眠的階段，不必急，前幾天或許「度日如年」，漸漸地，方法用上了，就會覺得時間過得很快，有如「快馬加鞭」！請大家好好珍惜可以精進用功的時光。

（二〇一六年八月八日，法鼓山中階止觀禪七第二天開示）

止觀的原理與原則

這次禪七，我們教的方法是體驗呼吸，與隨息有點類似。天台「六妙門」談到隨息，是在經過數息的階段後，很自然地把數目字放掉，而進入隨息，所以是比較高階的集中心。現在大家在練習體驗呼吸，就看個人用方法的進度。如果習慣用數息法也無妨，還是可以用，並不是說用數息方法，就不是在修止觀，數息法同樣可運用止觀的原理和原則。

調息的原則

剛開始用數息方法，多數人會產生控制呼吸的問題，尚未數息的時候是自然呼吸，一數息就無法保持自然呼吸了，這其實是有辦法避免的。自然呼吸可分為出息與入息兩個階段。出息時，感受到氣息從鼻孔出來，接觸到上嘴唇人中的部位，這時候不要急著數，約半秒鐘的間隔之後再開始數。入息時就不數數目了，知道就好。如果在還沒有出息或是剛開始出息，就數數目字，很容易變成控制呼吸。因此，感受氣息呼出，接觸過了人中部位之後再開始數，即可有效避免控制呼吸。

也有一種情況滿容易出現，就是出息時數數還好，但在入息的空檔起了妄念、雜念，數著數著，不知道數到哪裡去了，或者是數目字數錯、數亂了。如果有這種情形，馬上回到方法，再從一開始數起。千萬不要想著：怎麼我一支香下來，數不到幾個數目字，沒什麼成就感，非得要數上好幾組的一至十，才有成就感。如果有這種計較心，反而得不到成就。只要明確、有自信地清楚現在這個數目字是接著前面的數目字數下去就好。如果數到二，心裡想著「下面是三吧」，這也是雜念，那還是從一開始數起。

此外，有些人為了對治雜念，出息數，入息也數，那會怎樣呢？我們在出息時數數字，會用一點的心力；入息時不去數，則是比較放鬆的。如果出息數，而入息也繼續數，那就太緊。所以原則上，我們只在出息的時候數，但不是一出息就馬上數，而是隔了一個很短的時間，知道氣息出，這時候再數。把握這個技巧，讓我們的心念繫在呼吸的所緣上，又能夠保持自然呼吸，數息法就會用得很好。

今年（二〇一六）暑假，法鼓文理學院舉辦了一場高中營隊，最後一天舉行「無盡燈」活動。這個活動，是在關燈的情況下，由每隊的小隊輔帶領學員走進活動現場。除了小隊輔之外，每位學員都被要求閉上雙眼，第一位學員將自己的雙手搭在領頭的小隊輔肩上，第二位學員再搭在第一位的肩上，以此類推。工作人員就開始引導，每位學員和你們同組的小隊輔已經相處好幾天了，要相信小隊輔會帶領你們前往目的地，不會走偏的。因為彼此具有十足的默契、相互信任，所以各組學員，一個搭著一個，很順利地進場。

數息的方法，就跟前述一位搭一位的道理完全一樣。當我們坐上蒲團，把坐姿調整好，知道要開始用功了，這就是「小隊輔」的功能。數呼吸從「一」開始，就像第一個學員雙手搭在小隊輔肩上；數呼吸數到「二」，等於是第二位學員搭在第一位學員的肩膀上；之後一個一個接著，只要小隊輔開始走進來，第一位學員也會跟著走進，第二、三、四……到最後一位學員，同樣也會走進來。數呼吸也是一樣，數字一個接著一個，不會斷掉、也不會錯掉。第四個學員不會搭到第一個學員的肩上，也不會說，現在是輪到第幾個？因為順序都是排好的。所以，數息的時候，我們只要把自己的念頭當作當下的每一位學員就可以了。數一的時候就是第一位學員，數二的時候就是第二位學員；同理，第三、第四……第十都會跟上，一到十都是井然有序地跟著，然後再回頭從一數起。

如果數著數著，忘掉了數目字，怎麼辦？其實不太容易忘掉，因為我們數的時候不是用頭腦，也不在耳朵，而是全身參與，等於是用全部的身體來記憶，這樣還會忘掉數字嗎？如果數數還是忘掉，那是因為妄想、雜念太粗。所以，數息是很容易用上的方法。

數息階段，止的力量較多，觀的力量較少。打個比喻，「止」是工人，「觀」

是在一旁督察的監工。數的時候，是一至十重複地數，相當於有十個工人在工作，旁邊需有一名監工，也就是「觀」。

我們在數息時，有一到十的十個數目字變化；體驗呼吸或者隨息的時候，只有呼和吸兩種變化，相當於有兩個工人在工作，如果用得好，會更放鬆。相對於數息法，隨息法等於更進一層，因為已經不需要數數，此時，觀的力量較強。

止觀的原理

傳統的次第禪觀，基本上有四個層次，可用四層樓來比喻。第一層是五停心觀，第二層是四念處，第三層是四善根，最上層是聖位四果。修五停心，不一定要修到很深的定，比如修到未到地定或是初禪，就可以轉為修四念處及四善根。第二層的四念處又稱為四念住，可分成別相念住與總相念住。

次第禪觀的修法，有俱解脫及慧解脫兩個方向，甚至有一種慧解脫，只要有未到地定的定力，就有機會修得慧解脫。

漢傳天台「六妙門」的修法，有「數、隨、止、觀、還、淨」六個層次，可與次第禪觀的四層樓做對比，除了地上的四層建築，再於基礎多造兩層地下室，「數」是地下二樓，「隨」為地下一樓。「止」，相當於一樓的五停心觀。「觀」，相當於二樓的四念處，漢傳高階禪法如默照、話頭，均相當於從四念處的總相念起修。「還」，相當於四善根階段。禪宗的開悟，也有不同層次，大致上相當於四善根的位置，比較深的悟，則相當於聖位初果階段。「淨」，相當於四果的層次。

此外，止觀尚有幾個類別。1.印度傳統次第禪觀所修的止觀，重於修深定，所謂修止得三昧定（samādhi）、修觀得慧。止的梵文是 śamatha，觀的梵文是 vipaśyanā。2.修「安那般那」（持息念）法門的六個次第中，也修止觀，即所謂數、隨、止、觀、還、淨，一般稱作「六妙門」，事實上天台的六妙門已經過組織化了。傳統安般持息念的法門又叫作數息觀，其中第三階段的「止」，梵文為 sthāpanā，有置止、安置的意思；第四階段的「觀」，梵文為 upalakṣaṇa，有遍觀（心）相之意。3.我們中階禪七所用的止觀，是指心的本然性的功能，心的一體兩面的作用。「止」有安定的功能，「觀」有知道的功能。

省力處便是得力處

有位學員告訴我，他用數數念佛的方法，覺得有些不好意思，怎麼都已參加中階止觀禪七，還在用數數念佛的方法？其實，止觀的原理，還是可以用於數數念佛的方法上的。不要做比較，不跟自己比，也不跟他人比，也不需要想我什麼時候可以放掉數數念佛，用高階一點的方法？這就是打妄想了。如果數數念佛用得很好，自然而然會進到下一步的方法，但不需要想什麼時候可以換方法。同樣地，如果數息數得很好，也不需要想什麼時候可以隨息，自然而然會知道什麼時候可以放下數數字，進到隨息。

體驗呼吸也是一樣。隨息時，觀的力量會增強一些。如果是體驗呼吸不能用上力，而你曾經數息數得很好，可以倒回來數息。數息數得好，再回去體驗呼吸，但是方法不能經常更換。應用止觀的原理和原則修行，當我們念頭收攝到穩定的集中心或是統一心時，到時就會有因緣轉進高階禪法的默照或話頭上去。修行的進程是自然而然地用方法，不是刻意的，這也是最省力的，也才穩實地得到修行的受用，故大慧宗杲禪師有名言：「省力時便是當人得力處。」

數息、隨息時的所緣是呼吸，重於止的功能，到了用默照、話頭時，則著重觀的功能。不論是數數念佛、數息、體驗呼吸或隨息，都是在修止觀；修默照、話頭時，也還是不離修止觀的原理和原則。

（二〇一六年八月九日，法鼓山中階止觀禪七第三天開示）

止觀與慧觀

用一棵樹做比喻，修行數息觀時，就像樹幹下的樹頭，樹頭有三條主根，主根再旁生次根，次根再長出根鬚。這個樹狀圖，象徵我們鍊心時，從如根鬚的散亂心，漸漸收攝如次根的集中心，當數息觀完成時，則如樹頭基本構成的三條主根，代表三個念頭：「呼吸」、「數目字」，以及知道呼吸的「我」。

漢傳禪法的修行階次

用體驗呼吸或隨息階段時，已進一步把「數目字」丟掉，剩下「我」和「呼吸」。體驗呼吸比數息輕鬆一些，因為數息時需要多用一點力，止的力量較強，而在體驗呼吸時，觀的力量較強。體驗呼吸用得好，就進入「六妙門」的隨息階段。這時便可以用高階的話頭或默照方法了。

無論是用體驗呼吸或是隨息，進入集中心以後，甚至到了高階集中心的階段，就容易產生疑情。行者會發現自己的念頭源源不絕，對念頭很清楚。這時可能會產生一個疑問：「那些源源不絕的念頭的主人是誰？」因有這麼一個對每個念頭共同源頭的疑問，接著再用一個問題而把所有的念頭統一起來，就可以了。

如果進入集中心而未產生疑情，進一步就是統一心。原則上，鍊心至集中心或是高階集中心時，如果產生疑情，就可轉為參話頭。也就是說，我們在隨息的階段，已經進入高階的集中心，只剩下「我」和「呼吸」兩個念頭，就可以直接參話頭，而不進入統一心。這是修話頭禪的原理。

修話頭，也可能只與定相應而已，而非真正的開悟。大慧宗杲禪師出現第一次禪境，是因他的師父圜悟克勤禪師讓他參一個公案：「僧問雲門：如何是諸佛出身處？雲門答：東山水上行。」圜悟克勤禪師則說：「薰風自南來，殿閣生微涼。」大慧宗杲禪師聽到這句話的時候，「前後際斷」。前後際斷，並不一定是悟境，所以他的師父圜悟克勤禪師並沒有給他印可，要他再參一個「如藤倚樹」的公案。

前後際斷，可能是定境，也可能是悟境。若是定境，從散亂心、集中心而到達統一心的歷程，以圖做比喻，從二維空間看一條線，是有前有後的；但如果從第三維度，也就是直線任何一端的一點看向另一端，則只有一點，不會看到有前有後。這也是一種前後際斷，然而「一點」還在，所以不是真正的悟境。「一點」就是這一條線一直下去，變成一個點，這個點也要破除，才是悟境。

從體驗呼吸轉默照時，「我」是意識，「呼吸」是身識。默照第一階段的「觀全身」，事實上是觀身識，進則「觀全境」、「觀內外無限」，即身識逐漸淡化而達到身識與意識的統一，漸漸體驗到時間無限的縮小，而在空間無限地擴大，最後則是「絕觀默照」，把統一心也放下，而達到悟境現前。默照的方法，在修定的過程較為明顯，但是最後的一點——「我」——也要捨，如果不捨，最多只能與定相應，而無法發慧，這是修默照禪的原理。

所以，不論是默照或話頭，我們都可以運用止觀的原理，並不是說參話頭就不會入定。如果偏於止，也可能只與定相應，但不會開悟。所以，修中階止觀需要了解這個原理，這對高階禪法也非常重要。

止重於量，觀重於質

從「止」與「觀」的相對特質而言，「止」重於修行的量；「觀」重於修行的質。做個比喻，之前我到溫哥華，見到一對同修菩薩經常到道場做義工，先生是技術移民到溫哥華，他原來學機械，到溫哥華改做進口家具貿易。他們公司的產品主要有兩種銷售層次：一種是訴求高品質的家具，比如具收藏價值的精緻桌椅，數量雖少，然而質地與工夫都非常精緻，價格定得比較高；另外一種是大量的平價產品，以飯店和餐廳為主要銷售對象。這兩類家具，均各有客群。

修行止觀，尚未進入統一心之前，止是主要的，觀是次要的；也就是透過

「止」的修行工夫在量上累積，來提昇「觀」在質上的變化，產生從量變到質變的轉化。這就有點類似我們小時候玩的凸透鏡，在凸透鏡下方放一根火柴棒，使陽光通過鏡面凸起的中心點聚焦照射，產生熱能，點燃火柴棒。平常我們的心是散亂的，雖然也有觀的能力，卻因經常游移於不同的所緣對象，所以無法發慧。初階修行時，需要透過止的工夫，讓我們的心收攝、集中於一點，且連續不斷地集中於一點，才能夠以安定的心來產生發慧的功能，即是慧觀。

修數息或隨息階段時也有「觀」，但不是真正的慧觀，只是用來輔助達成集中心、統一心的觀。真正的慧觀，是在統一心成就之後的慧觀。但在漢傳禪法，行者進入集中心或是高階集中心的時候，不需要進入統一心，直接就可以用話頭或是默照。我們在問話頭、參話頭時，是於同一個問題上連續不斷地問，這就是修止。修止的時候，所緣對象的「疑情」，本身是與無常、無我、空相應的。因此，不論是問：「念佛的是誰？」或「拖死屍的是誰？」都是將所有的念頭牢牢繫於同一個問題上，直至這個問題粉碎、爆破，即是悟境現前。所以，止觀是一起修的，只是在運用高階禪法時，若有止的工夫，比較能夠將方法用上去。

從《阿含經》到部派佛教論典，如《大毘婆沙論》和《順正理論》，都提到了修行有兩種向度：一種是修定成就之後發慧，即是定解脫，而最高的定解脫是俱解脫；另外一種是慧解脫，而慧解脫中，有一種是只以初禪之前的未到地定，就可用思所成慧來完成四善根，而證入四果。漢傳的話頭和默照原理，即與這種慧解脫的修法相類似。

（二〇一六年八月十日，法鼓山中階止觀禪七第四天開示）

鍊心

二〇一四年秋天，我跟法鼓文理學院的主任祕書簡淑華老師學了一學期的山水畫，後即嘗試作畫，曾於臺大醫院金山分院及法鼓文理學院大慧館參與聯展。有一晚，我一鼓作氣畫了十二幅，而由簡主祕揀擇其中六幅修改，有的修改多一點，有的修改少一點。其中一幅畫，個人尚覺滿意，今年（二〇一六）三月，適逢立正大學三友健容先生七十大壽並且正式退休，他是聖嚴師父的好友，也是我在日本讀書時的指導教授；因此，我就帶了那幅畫到日本為教授祝賀，題名為「高山仰止」。

事實上，把那幅畫作送給三友教授，我是既歡喜，也有點捨不得，因為送了就沒有了。當然，畫是可以複製的，可是粗估複製的所費不貲，不大划算，也就作罷。其間也有好幾位熟悉畫作的朋友建議我：「再畫一幅就有了嘛！」

似像非像的山水畫

禪修與山水畫有點類似，諸位在這幾天的禪修中，或是之前曾有過很好的禪修體驗，可能就有人想要複製過去的修行經驗，希望好的經驗能夠再次出現。這其實是打妄想，禪修的經驗是無法複製的。每一幅畫，每次都是從空白的紙張開始畫起，禪修的道理也是一樣。

我發現畫山水畫的原理與禪修有點類似，畫要是似像非像、半像半不像才是好畫。如果全像，那就與照片一樣，現在每個人都有手機，隨時都可拍照，照出來的影像是絕對寫實的、全部都像，但就變成很呆板的複製品；但如果完全不像，那就變成「鬼畫符」，什麼都不像，那也不是藝術。

山水畫和西方繪畫有點不同。西方美術重視寫實，去年（二〇一五）我到舊金山參觀一處很有名的博物館，其中有一幅畫使我滿驚訝，畫作題材是一杯咖啡和一個烘烤的麵包，畫作中的烘烤麵包呈現的色澤、線條和軟硬度，寫實程度讓人咋舌，覺得眼前的麵包和咖啡幾乎與實物一樣。此外，西方美術重視個人，也有不少題材來自宗教，如耶穌基督及其門徒，以及諸多《聖經》所描述的重要場景，也都是側重於人物的寫實。

山水畫的處理原則就不同了。如果大家看山水畫，發現畫作中出現一條筆直的直線，或是對稱性的線條結構，大概就不能算是佳作。山水畫講求似像似不像的意境，這可能與道家有關。道家崇尚自然，講求天、地、人合一，其中以天、地為主體，人物僅是微渺的點綴，重意境，而非寫實。

禪七時，諸位可以試著用這種欣賞山水畫的心情來禪修。我們每天都會觀看聖嚴師父的錄影開示，如果師父開示的禪修觀念和方法，大家都能全部做到，當然很好，那就是「全像」了，如果無法全然做到也沒關係，不必要求每一支香都要坐到「全像」；或者你立志這次禪七一定要開悟，出堂馬上做禪師，那是給自己太大的壓力了。但是如果你每支香都在打妄想，成天「鬼畫符」，與禪修一點關係也沒有，那也不行。至少應該做到似像似不像的「山水畫」或是「抽象畫」，師父講的原則，至少能夠把握住，有用上方法就好。可能你也打了幾次妄想，但還是可以安住於方法上，坐了幾支好香，如此就是已經在畫寫實畫、寫意畫了，那也不錯。

觀痛也是鍊心法

禪修時，心態很重要。今天小參，好幾位菩薩共同的問題是腿痛；即便我已打坐幾十年，腿還是會痛啊！禪修主要是鍊心，不是練腿功，請大家要把這個心態建立起來。

去年我到舊金山，參訪了日本鈴木俊隆禪師在市區創設的禪中心，他們的禪堂除了常見的坐墊、蒲團之外，還有多款不同造型的禪坐椅。這些坐椅都經過一番設計巧思，坐上去就像騎在馬背上，滿符合人體工學，使我印象非常深刻。其實早期農禪寺時代，我們也曾研發適用於禪修的禪坐椅，舉辦禪七時，也有禪眾用過，但後來似乎比較少人用了。

諸位來打禪七，如果是為了練腿，那就有點可惜了。真要練腿，應該上健身房或找專門的教練來指導。雖然禪修期間我們也教簡單的瑜珈運動，但那是一種輔助方便。所謂「說法不在嘴，修行不在腿」，修行主要是為了鍊心，如果專門練腿功，希望自己能夠久坐，產生輕安境、喜悅境、禪定境，那不是禪修的真正目的。固然七覺支中也有輕安、喜悅及禪定覺支，但那是在發慧過程中的副產品，如果抱著坐到喜悅、輕安、入定的期待心，那不是修行佛法的正確態度。佛法的修行過程中，的確需要能與定相應，更重要的是開發智慧。因此我們的禪法教學，從數息、隨息、中階止觀，一直到高階的默照、話頭禪，從來沒有要求入定。

禪的修行，在進入高階的集中心時，疑情會自然而然生起。平時因為我們的心太散亂了，就是有疑情，也是偶爾因遇到生死交關的情境而短暫出現，甚至僅是輕描淡寫的疑情，無法成為修行方法。當持續精進禪修，進入比較深的集中心時，若曾經有過對生命、生死的疑情，就有機會變成我們修行參話頭的方法。至於享受輕安、久坐，最多也只練成世間定或是外道定，絕非佛法的正行，所以觀念上的正知正見很重要。

所以，請諸位不要刻意練腿功，也不需要怕腿痛。腿痛時，可以暫時放下原來的方法，把痛當作所緣境，這時，觀痛就變成我們的修行方法。當然，當腿痛不影響到原來的方法時，不必去理會它，繼續用你的方法。至於觀腿痛的方法，原則上與隨息相同，即是不要去影響「觀」所緣境的「痛」，將身體放鬆，將正在痛的部位也放鬆。就像體驗呼吸、隨息時，如果刻意影響呼吸，會變成控制呼吸。觀腿痛也是一像，我們的心不去參與、也不去干擾痛感，而是看著它自然而然地痛。不要一邊看腿痛、一邊參與，你去參與、關心，腿一定愈來愈痛，「觀痛」大概也觀不成了。所以，觀腿痛時要讓自己放鬆，頭腦放鬆、身體放鬆，心也要放鬆。

其實，腿痛不是真的腿在痛，而是大腦神經發出信息：「我的腿在痛！」這讓我想到剛出家時，農禪寺的住眾不多，無論男眾、女眾都要輪值典座，那時每個人的執事，一月一換。廚房的執事是由一位主廚和一位副廚配合，主廚負責午齋和藥石，副廚主責早齋。有一回我擔任副廚，切菜時不小心切到手指，傷口還不小。切到手指時，我當下看到了，但並不覺得痛，大概過了一、二秒後才覺得痛。所以，痛的感覺，是信息傳導到我們的大腦神經，而由大腦判斷這是痛。觀腿痛的道理也一樣，客觀地看著它，不要聯想到痛，因為只要有個「我」覺得「痛」，這就對立了。練習把這個「我」轉成觀，或者轉成看，那就只有「看」與「痛」、「觀」與「痛」的關係，而不是「我」與「痛」的關係。

坐一支好的痛香

觀腿痛，也是很好的鍊心方法。因為腿不痛的時候，你可能會東想西想、妄想滿多；腿痛時，你要看腿痛，根本沒機會打妄想，此時正是修練集中心的好機會。練習把腿痛當成修行的所緣，原則是放鬆地看著痛。不僅是頭腦放鬆、全身放鬆，痛的部位也要放鬆，那就可以看痛。此時你會發現，痛不是一成不變的，它有程度的變化；痛的部位，也不是固定的，而是在不同部位移轉的。如果它是同一種的感覺，那才叫作痛，既然是變化無常的，也就不叫痛。

當我們開始感覺腿痛時，那是我們的心與痛產生對立，所以覺得痛。懂得用方法就會發現，即使腿痛，也可以坐一支很好的痛香；痛，已不再是問題。

禪修，主要是鍊心，也就是我們的心是否安定，是否減輕煩惱而增長智慧；輕安境和喜悅境則是副產品，不是我們修行的目標與追求的對象，不能顛倒。至於是否一定要開悟見性，才有真實的智慧？原則上，開悟當然是一種真智慧，而未開悟前，也可以修智慧。慧有聞慧、思慧、修慧與證慧，修行得到禪定時也有智慧，此時我們的心更清明，能夠做很好的判斷，但仍不是真正的智慧；與無我、空相應，才是真正的智慧。

智慧就如壺中水，水尚未注滿之前，我們只看到壺身，見不到水。禪的修行有如不斷注水的過程，智慧的水位漸次上升。透過修行，能使我們對自己多一些了解，少一些煩惱而多一些安定心；不斷修正我們身、口、意三業的行為，消除身、口、意三業所帶來的煩惱，即使尚未開悟，智慧的水位已在漸升。

禪七已經進入第五天，如果你覺得腿痛仍然讓你坐不安穩，建議原來是雙盤的可以改成單盤，原來是單盤的可以改成散盤，或是怎麼坐都可以，只要不躺下來就可以，只要保持身體不動就可以。因為我們的目的是鍊心，不在練腿功；所以，好好把握時間練習方法，不需要因腿痛而苦惱。

（二〇一六年八月十一日，法鼓山中階止觀禪七第五天開示）

止觀與空觀

有位菩薩於小參時問道：「我每年打禪七，為什麼卻是愈來愈沒有信心？」原來他看聖嚴師父開示的影片，發現自己經常有聽沒有懂，不知道如何繼續用功。

信心

對修行者而言，信心很重要，而信心從哪裡來呢？一個是修行的體驗，一個是對佛法的認識。要了解佛法最基本的義理是明因果、識因緣。打坐時，首先不能有所求，不能追求成果。比如希望我馬上坐一支好香、希望我馬上能夠坐出好的境界，這是有所求。打坐之前，可以發願坐一支好香，但在打坐的過程中，不能夠有這個念頭，否則就是打妄想。

因果是最基本的，至於種因是不是一定得果呢？不一定，還要講求因緣具足，才能收穫成果。佛教認為，因緣有，而自性是空的，兩者實為一體的兩面。

以我個人經驗而言，我是在大學畢業、當了兩年兵後，於農禪寺出家，那時並沒有想到出國留學。出家十多年之後，也就是一九九七年，聖嚴師父突然問我：「果暉啊，你要不要出國去讀書呢？」我當時不假思索，既然師父指示，我只有照著去做，就是這個因緣促使我到日本留學。在這之前，我曾於中華佛學研究所旁聽楊郁文老師教授的《阿含》，說起來學術基礎是有限的，而在禪修實務方面，因為要帶禪訓班、要教打坐，也當過禪七總護，但也還只是初機的修行。

到日本之後，先於立正大學當一年的研究生。日本的研究生制度與臺灣的研究生不同。在臺灣，就讀碩士班與博士班都叫作研究生；日本的研究生，則相當於考試之前的預備生，待通過考試，才能取得正式的學生身分。

盡心盡力，水到渠成

到了第二年通過考試，正式入學立正大學碩士班，同時開始著手寫論文。我研究的主題是「安那般那」，因為當時我只懂得數息觀，於是把佛教各時期的數息觀禪法做一全面彙整，終於完成論文。取得碩士學位後，聖嚴師父又問我：「果暉啊，你想不想繼續讀書呢？」我仍是不假思索地點頭說好，就這樣繼續讀博士班，當時也根本不知道博士班是怎麼一回事。

進入博士班後，我選定的論文主題仍與「安那般那」相關，即研究《大正藏》六〇二號經——安世高著作的《佛說大安般守意經》。當年這部經並沒有其他文本，如梵文本、巴利文本可供參照，因此這一決定，包括我的指導教授和日本友人，一開始都覺得我選的題目未免過於大膽，恐怕完成的概率不大。此外，我也向一個滿有名的機構申請獎學金，但在學界普遍認為《安般守意經》缺乏相關文本的情況下，我申請獎學金的計畫也落空了。

因緣不可思議，就在二〇〇二年，因我的指導教授三友健容教授受邀擔任中華佛研所的客座教授，我陪著他回臺北一趟，同時期，中國社會科學院的楊曾文教授也受邀前來擔任客座教授。有一次，楊教授問起我的研究主題，我答《安般守意經》。隨後，他馬上問我是否知道日本近年發現了新文獻《小安般守意經》？我說我不知道。後來才得知，《小安般守意經》正是一九九九年，即我碩士畢業那年發現的，媒體可能有報導，但我並不知道。

此後，楊教授便為我引介日本一個正在研讀此經的讀書會小組，而讀書會的帶領人，正是研究偽經的知名教授牧田諦亮的學生。我加入讀書會後，隨其進度，逐頁逐頁地研讀《小安般守意經》。日本人的治學態度很嚴謹，雖已發現新文獻，但完整文獻尚未公布，因此每次讀書會採取一次複印一頁經文，發給讀書會成員，尚未讀到的經文絕對保密。這麼一來，就是急也急不得，只有慢慢磨了。經過一年多，整部經典才正式公布。

就在那一年多的時間裡，我把博士論文寫出來了，真覺得不可思議。這是種種因緣湊合在一起，上可追溯至千年以前的漢代，由安世高寫成《安般守意經》及《小安般守意經》。這兩部經典，經錄上都有提及，卻從未見到《小安般守意經》文本，直到一九九九年才於日本發現。如果早一點發現，大概別人已經寫成論文；如果晚一點發現，大概我也沒機會寫。或是這部經未曾在中國失傳而被日本保存，我也不可能遇上這個文本。當然，假使沒有三寶、聖嚴師父和僧團的護佑，讓我到日本留學，我也不可能拿到這個學位。

在這過程中，我能夠做的，就是耐心地找文本；幸運找到《小安般守意經》之後，正好可讓我以《大安般守意經》當作研究對象，就這樣把論文寫出來。因為我經常持誦觀音菩薩聖號，能夠得到這學位，我深信是觀音菩薩送的。此外，我也相信，以現代化的學術教育方式來培養人才是很有用的。

聞思修證

修行也是一樣，我們有時可能是瞎貓碰上死老鼠，莫名其妙地坐上一支好香。「果」，須待因緣具足；而「因」才是更重要的，也就是掌握打坐的技巧，了解自己的身心狀況，然後鍥而不捨、不斷地練習才是最重要的，而不是一味地去追求禪修的境界。如果上一支香的經驗不錯，心想：「接下來這支香，我是不是可以重現好境界？」那就是追求「果」。相反地，我們要反思、學習的是「因」。掌握到因，加上緣的助力，我們的修行必能水到渠成，不斷進步。

因緣，又有不同的層次，最深奧的因緣是因緣空，但真正了解因緣空並非易事。今年（二〇一六）夏天我到溫哥華弘化，道場監院法師安排我參訪附近的一所天主教堂，我看到書架上有一本名為 *Buddhism* 的書，是著名的英國佛教學者保羅・威廉斯（Paul Williams）的著作。這位學者原來出生於天主教世家，因緣讓他接觸了佛教，研究並皈依佛教，成為一位知名的佛教學者。然在二十年後，他又放棄佛教信仰，重回天主教徒的身分。從書中敘述，可以看到他對佛教的研究相當深入，專長是藏傳佛教及中觀。他寫成的書，評價很好，成為許多佛教學科系上課的教材。既然是聞名的佛教學者，也是虔誠的佛教徒，為什麼後來他放棄了佛教信仰？

在*Buddhism*一書中的第四十八、四十九頁，他寫道：「God is the answer to the question ‘Why is there something rather than nothing?’」（「萬物因何而有，而非虛無？」上帝就是此一問題的答案。）另一頁也寫著：「Buddhism is very insisted in causality」（佛教非常看重因果、因緣），causality其實就是因緣、因果關係。接著他又說：「and yet this causal question ‘Why is there something at all, at any time, rather than nothing?’ is never asked, and hence never answered, within Buddhism.」（然而在佛教論述脈絡中，「在任何時間點上，萬物因何而有，而非一無所有？」此一因果問題從來無人提及，也因此從無解答。）他認為佛教並沒有回答這個問題。

記得讀初中時，我就在思考：「宇宙有多大？」「宇宙之外是什麼？」後來才知道，事實上就是佛法所謂的「十四無記」，也就是宇宙人生之有與無、存在或不存在的問題。因緣是有還是沒有？佛教講因緣有、自性空，但是空並不等於沒有。佛世時，有人就將這些問題請教佛陀，包括人死之後的生命，是有還是沒有？宇宙是有邊還是無邊？這類問題，佛陀一概不回答，稱為「十四無記」，其實就是常見與斷滅見，「有」是常見，「沒有」是斷滅見。

這位教授曾任英國佛教協會會長，信佛二十年，是中觀的專家。但他認為，宇宙是存在的，宇宙既然存在即是「有」，那就存在所謂的「第一因」，而第一因就是上帝，因為上帝創造宇宙，這是常見。因緣有，而自性空——世俗因緣「有」，世間一切的因果、因緣都是「有」的，但此「有」非「實有」，而是「假有」。「實有」是常見，但「假有」不是「沒有」，「沒有」是斷見。因「假有」、「無自性」，故稱世俗。「因緣有，自性空」是說，世俗因緣「有」的本身，不離勝義自性「空」；換句話說，世俗因緣「無自性」是「有」，故勝義「自性」為「空」。空，是諸法無自性的意思，不是斷滅見。佛教以外的修行，一個是斷滅空，另外一個是外道空，修到四禪的時候就是無想天，無想天就是外道空；而即使修到非想非非想天，也是外道空。佛教講的空，不是斷滅空，也不是外道空，而是因緣有、自性空，即是《六祖壇經》所講：「於念而無念。」一切法是以因緣而有的，但它的有是幻有，而不是實有，因它的自性是空的，透過修行而實證因緣的空性，就可以發現空的智慧。

此外，佛教也講「十八空」、「二十空」。因為空了之後，總覺得還有一個東西不空，所以要「空空」。「空空」之後，認為還要抓一個東西，要不然什麼都沒有，不是很可怕嗎？為了破這一個空，需要再空下去，就是「空空空」。就這樣，空到「十八空」，還有一個「二十空」。這表示眾生要能真正了解因緣的自性是空，非常不容易，總還要抓住一個東西不放。

從止觀到中觀

無論是修定、修慧，我們都要用到止觀，但這是有著力點或沒有著力點呢？在達到統一心之前，有止、有觀，而側重於「止」的著力點。若心還在散亂之中，我們無從知道何為著力點，而穩定的心就會有著力點。當修觀慧時，將所緣的著力點一一放下，就變成沒有著力點；沒有著力點就是中觀的修行方法。中觀即空觀，也就是龍樹菩薩在《中論》中說的「八不中道」——一切法「不生不滅，不常不斷，不一不異，不來不去」。因此，對所謂的沒有著力點的了解——聞思慧也很重要，也就是對因緣有、自性空的法性，要非常確實地掌握。聖嚴師父開示的沒有著力點——「捨、捨、捨」，捨二不執中，捨離兩邊而不執中間，這是修行中觀非常具體的方法。所以在修中觀的時候，我們是直接以「沒有著力點」當方法，但在修慧之前的聞慧、思慧也很重要。聞慧、思慧，即是對因果、因緣的透徹了解。徹底了解因緣有而自性空之後，在修慧觀時，以沒有著力點為方法，就有機會與中觀的空慧相應。

這次中階止觀，有人用有著力點的止觀，有人用沒有著力點的止觀，就看個人的程度，各自用功。當然，有著力點的止觀比較容易用上方法，比如體驗呼吸的著力點是身觸，知道鼻息出入的感覺，就是著力點。沒有著力點的用功法比較不容易掌握，前提是對一切法的空性要有很透徹地了解，如果對佛法的知見不夠透徹，最後還是會抓一個東西，無法與真正的空慧相應。

每次禪七，都有許多義工菩薩來護持我們修行，這是我們的福報。來護七的義工是修福，而我們參加禪七，體驗到禪法的利益，更要知福、惜福，如果只享用福報，而不懂得培福、種福，福報終有用盡的一天。修行一定要福慧兼修，才可長可久而容易成就，建議大家也要發心來擔任下一次禪七的內外護義工。

如果你覺得愈修行愈沒有信心，聖嚴師父的開示愈聽愈沒有感覺，那就是「法不染心」，表示福報可能快用完了。那要怎麼做呢？要放下自我中心的執著，不要老是只想到為自己，希望自己坐支好香、趕快開悟，這都是為自己。發願坐好香、發願開悟是好事，但是用方法時不要再想：「這支香，是不是坐得比昨天好？」「這支香，是不是可以用上方法？」「這支香，能不能坐得很有感覺？」這些都是妄想，坐上去只管一心一意用方法就好，其他的事全部都放下。

請大家要鍥而不捨地用方法，我們還在禪期中，不要想禪堂以外的事，不要想家裡的事，也不要想上班的事。從進禪堂的第一天，諸位已把包袱捨下，切莫再自尋煩惱，又把你自己的包袱抱回禪堂。你們的身體在禪堂，但我不知道你們的心是否也在禪堂，只有你自己知道，請大家看好自己，身在哪裡，心在哪裡。

（二〇一六年八月十二日，法鼓山中階止觀禪七第六天開示）

改變自己，影響他人

這次禪七，相信大家都感到內心充實、法喜禪悅，但多少會消耗一些體力，還有經過一個精進禪期的鍊心，我們心理的活動比較細，這不同於常人。因此，解七後需要一、兩天的適應，漸漸才可回復到日常生活狀態，建議不要馬上投入讓人與高采烈的聚會，倒是可以規畫比較緩和的行程，就像諸位打禪七進到禪堂一樣，事先已有一定的預前準備，再漸漸地進入精進修行的氛圍。解七後也是一樣，需有舒緩的調適，以便慢慢調回平常的身心狀況。平時生活當中，能夠每天從早到晚禪坐的人還是少數，經過七天的精進禪修，身心狀況與平常有點不一樣，解七後，慢慢再調回去。

修行重於細水長流

所謂修行無假期，諸位回去後，最好能夠保持每天禪修的習慣。就如這次禪七，我們觀看聖嚴師父開示的影片，師父勉勵大家：我們能夠修行是有福報的，而我們也需要繼續不斷地修行。禪期中，我們學到修行的觀念和方法；禪期結束是另一階段的開始，我們也要將這些學到的禪修的觀念和方法應用到平常生活中。至於何時開悟是無法預料的事，也許很快，或許很慢，但都不是我們要考慮的問題，重要的是，我們的修行永遠持續在進行，直到成佛為止。

禪修是自然地進入一種修行狀態，能做到多少是多少，不能太緊張，也不能太鬆散。禪七中的修行生活，除了有幽靜、適宜的禪堂環境之外，種種內外的護持因緣，透過大家共修而產生的整體修行氛圍，讓每個人都可以受用。在禪期的精進修行中，我們的心逐漸沉靜，觀察自己心念的能力漸增、漸細微，當然過程中可能也打了不少妄想，但至少我們更了解了自己。回到平常生活，我們不必刻意保持禪期的生活作息，但要能運用禪修的方法與原則來省視自己的身、口、意行為，那也就是時時刻刻都在修行了，便是馬祖道一禪師所說「平常心是道」。

改變自己，才能影響他人。我們自己從修行當中得到好處，人品、人格又更提昇，進而使我們的言行舉止能夠產生感動他人的力量，這也是聖嚴師父所說：「用佛法感化自己，用行為感動他人。」這樣的話，我們就可以產生淨化人心、淨化社會的功能。否則的話，我們感化自己的機會，如果只限於打坐當中，所能夠發揮的影響力就非常有限。

我們幫助別人——任何有利於人的事，都可以成就我們自己成佛的福慧資糧，這是菩薩初發心，也就是發利人利己的大願心。修行重於細水長流，雖然解七後，諸位可能沒辦法如禪七生活，從早坐到晚，至少保持每天半小時禪坐，不要中斷，等到日後因緣具足，再來報名精進禪七。

你們之中已有很多人發願來護七，護七也是修行。我們各方面都需要人，如果大家都來打七，沒有人護七，便成就不了禪修道場；如果大家都來護七，沒有人來打七，同樣也成就不了我們禪修的道場。所以，有人打七，有人護七，彼此互為因緣，可以互相成就每個人的福慧資糧，互為修行菩薩道的同學道侶。

（二〇一六年八月十四日，法鼓山中階止觀禪七圓滿日開示）

第二篇

止觀溯源

止觀的源流與開展

許多人無法認識到真正的自己是誰，因而面對生命中種種的迷惑不安時，也沒有足夠的自信去處理。

不安的根本原因，是因為我們的心經常處在散亂或昏沉的失焦狀態，故在繁忙的日常生活裡，無法維持一定的心靈焦距，如實照見生命實相。而透過「止」的禪修，能夠讓散亂的心得到調伏消解，心境便可獲得安定，從而認識自己，找回內心的原點。

迷惑，則是因為我們時常從自我中心的想法或立場出發，去面對、處理種種人、事、物的問題，以致產生層出不窮的麻煩。當我們真正觀察並認識到，並沒有一個不變的「自我」存在時，對生命的迷惑不安便可逐漸獲得改善，乃至消除，人生的智慧便會生起。

也就是說，修「止」可讓我們的心得到安定；修「觀」能使我們的心開發智慧。

止觀禪法，源自於印度原始佛教。而從印度佛教到漢傳佛教，各有其歷史發展時期，茲以下文略事簡介。

止觀為佛教的根本修行方法

大乘佛法的慈悲屬菩薩戒學的範圍，因此戒、定、慧三學可說是修行任何大、小乘佛法的總綱。自印度原始佛教以來，「止觀」已成為佛弟子們的根本修行方法。《雜阿含經》卷十三說：「何等法應知、應斷？所謂無明（avidyā）及有愛（bhava-tṛṣṇā）。何等法應知、應證？所謂明（vidyā）、解脫（mokṣa）。何等法應知、應修？所謂止（śamatha）、觀（vipaśyanā）。」意即透過修行「止」，可讓我們離開貪著（有愛）而獲得苦的解脫；透過修行「觀」，可讓我們從沒有智慧（無明）而獲得智慧（明）。

「止觀」所開展出來的修行內涵，呈現兩大面向：

「止」，包括佛陀時代常用到的二甘露門——不淨觀及安那般那念（ānâpāna-smṛti）；廣則涵蓋南傳《清淨道論》所提到的四十業處——四十種的禪定修行方法。所謂「修止得定」，修定的成果包括共世間、外道的四禪八定，乃至佛教獨有的滅受想定（滅盡定），合稱為九次第定。

「觀」，是以「四念處」來觀察苦、集、滅、道的「四聖諦」——苦、集是凡夫十二因緣生命現象的生死流轉，滅、道則為超凡入聖的還滅解脫。廣則遍及全部三十七道品，都屬於「觀」的內容；略則為觀三法印或四法印，而四法印之內容即為四聖諦——有受皆苦是「苦」諦，諸行無常是「集」諦，諸法無我是修道的態度與原則，即是「道」諦，而涅槃寂靜是證空，為「滅」諦。所謂「修觀得慧」，修慧的成果，以小乘而言，主要是賢位的「四善根」與聖位的「四果位」；大乘則為「三賢十聖」的菩薩位，三賢為十住、十行與十迴向，十聖則為十地菩薩，而成佛才是究竟的果位。

在實修方面，因行者多執五蘊的身心為常、樂、我、淨四顛倒，故在修「止」的行持，佛陀最常教導弟子們以不淨觀對治、破除對身體的貪著；復以安那般那念，又稱為安般念、入出息念或持息念，用來對治、調伏內心的散亂；到了大乘佛教的漢傳佛教，則再加上慈悲觀、念佛觀等成為五種觀法，稱為「五停心觀」。修「觀」的方法，則最常觀名色（nāma-rūpa）——即觀五蘊身心（色、受、想、行、識）的苦、無常、無我、空。

部派佛教的止觀修行

以《俱舍論》為例，該論各品中，都從不同角度對止觀加以論述。總其概為：修「止」主要是修不淨觀及數息觀；修「觀」則是以聞、思、修之三慧來修四念住。修行技巧上，修觀能對治昏沉睡眠蓋，因昏沉睡眠障於「慧」；修止則可對治掉舉惡作蓋，因掉舉惡作障於「定」。此外，《俱舍論》重於初禪到四禪，稱這四種靜慮為「止觀均行」（śamatha-vipaśyanābhyāṃ yuga-naddha-vāhitvāt）最能審慮（即觀察、返觀之意），但這都通於世間定與出世間定。

大乘唯識學系的止觀瑜伽行

大乘三系中的唯識學派，以「止觀」為其主要修行方法，稱為瑜伽行，意即止觀相應之修行。在《瑜伽師地論》的《聲聞地》及《菩薩地》（內容引用自《解深密經・分別瑜伽品》）中對修習止觀的過程及心相，皆從唯識的角度詳加詮釋。比如「止」（奢摩他）的所緣叫作無分別影像（nirvikalpaṃ pratibimbaṃ）；「觀」（毘缽舍那）的所緣則稱為有分別影像（sa-vikalpaṃ pratibimbaṃ）。透過止觀的修行而得以轉依（āśraya-parāvṛtta），在《聲聞地》以「唯心無境」而證入；做為大乘菩薩行的《分別瑜伽品》則需依「法假安立」（dharma-prajñapti-vyavasthāna）及住於「無上正等菩提願」為前提而修，最後以「唯識無境」而證入。此外，「止觀」也是藏傳宗喀巴大師所著《菩提道次第廣論》中，所教導的核心修行法門。

天台止觀法門

漢傳佛教方面，到了陳、隋時代，被譽為東土小釋迦的智者大師，整理、統合所有印度佛教大、小乘禪觀的修證方法，稱為「止觀」，將其分類為小止觀、不定止觀、漸次止觀及圓頓止觀等四種止觀，並與其教理——「五時八教」做組織化、系統化的論述，被後代稱為教觀雙美。因智者大師著作龐大，號稱三大部、五小部，故日本學界有將之稱為漢傳佛教的阿毘達磨。

在《摩訶止觀》卷一的起頭說：「止觀明靜。前代未聞。」這固然讚歎天台止觀禪法的殊勝，但也表示在陳、隋之前的漢地，知道用止觀來修行的人並不多。唐之後，雖然天台觀法在實修上，多融入於其懺法中而得以弘傳，但《小止觀》（即：《修習止觀坐禪法要》）對五停心觀的修持敘述甚詳，可說是很實用的禪修入門指導手冊，尤其是其「二十五前方便」，可做為修行任何禪法所遵循或參考的基本要則。

漢傳禪佛教的止觀禪法

傳統印度的次第禪觀，仍偏於修初禪以上深定的慧解脫，乃至完成九次第定的俱解脫。但《阿含經》中，也提到有一類解脫，不必進入初禪——以未到地定的定力，即可證入解脫的慧解脫。這一類解脫，《大毘婆沙論》稱為「全分（滿分）慧解脫」，《順正理論》稱作「圓滿慧解脫」，漢傳禪佛教的修行重於智慧的開發，即根據此慧解脫的修行原理加以開展出來。

以漢傳佛教而言，可以說印度佛教的止觀禪法精髓，已被六祖惠能大師所開展的定慧一體之頓悟禪法所涵容，而永嘉大師在六祖座下有所謂的「一宿覺」，可看出他從天台止觀至頓悟禪法的前後修學歷程。可以說，宋以降的宏智正覺禪師所弘揚的默照禪法，其源頭與精神也出自於止觀。由此，當我們知道漢傳默照禪法來自於印度的止觀修行，也必能解除禪宗史上所謂「默照邪禪」的疑惑。

次第禪觀重於深定與解脫，止與觀，基本上是分開修持的，這也有經典為證。《雜阿含經》卷十七說：「修習於止，終成於觀，修習觀已，亦成於止。謂聖弟子止觀俱修，得諸解脫界。」便是指出，有一類修行法是先修止而以觀得成就，另一類修行法是先修觀而以止得成就。然而與次第禪觀不同，《六祖壇經》的「惟論見性，不論禪定解脫」的頓悟禪法，則強調定慧一體或定慧不二，也就是止觀一體、止觀不二，這在天台禪觀也有同一論述的傾向。

其實，止與觀，是心的功能之一體兩面，常人在日常生活中，也會有集中心與安定心的經驗——這就是「止」的功能。當我們的心集中、安定之後，觀察、思考種種人、事、物時就會更清楚、敏銳——這就是「觀」的內涵。

中華禪法鼓宗的止觀禪

傳統修「止」的教學，將修行進入三昧定的步驟，細分為內住、續住、安住等九種行相，也稱為「九住心」。在聖嚴師父《禪的體驗．禪的開示》一書中，以數息觀的調心歷程為例，分為七個階段：從第一階段的散亂心至第六階段統一心的完成，屬於「止」的範圍；若用禪法將統一心破除、放下，則可達到第七階段的無心悟境。

修行須戒、定、慧三學並重，但慧學才是佛法不共世間與外道的特色。漢傳大乘禪法重於智慧的開發，故不要求進入四禪八定的深度統一心階段，因僅修得禪定，那不是智慧，更不是解脫。無論修行話頭或默照禪法，都是運用定慧一體、止觀不二的原理來修習的，但如對照《雜阿含經》的兩類修法，話頭禪法有類似從「觀」到「止」的修行過程，因為起疑情的本身即是一種慧觀，而破疑團的當下，一定會與定相應。相反地，無法之法的默照禪法，在觀全身、觀全境及觀內外無限的「直觀」階段，講求心的安定、寂靜，而到最後的「絕觀」時，則與慧相應而發悟。

原則上，修行止觀，達到念念分明的統一心階段時，即可用漢傳禪法來發悟。因此，法鼓山中階止觀禪法以體驗呼吸來練習止觀，在達到集中心或統一心的階段，即可轉入修行無法之法的默照禪；若起疑情，則可直接修行話頭禪法。

如《聖嚴法師教默照禪》一書所述：「禪法本身無次第，修行的過程則是有次第的。」聖嚴師父早期的禪法教導，乃以數息觀及參話頭為主，一九八八年之後才開始舉辦默照禪期。晚期則在以數息觀為主的初階禪七，及以話頭或默照為主的高階禪期之間，教授以體驗呼吸為主的中階止觀禪七，除了導向默照或話頭禪法之外，也教導從止觀來修習中觀的方法。

止觀禪法，不僅能夠進階深入默照、話頭禪法，也能應用於日常生活，找回迷失的自我，活出行、住、坐、臥皆是禪的自在人生。

（脫稿於二〇二一年三月一日）

實用易行的中華禪法鼓宗禪法

有位旅居美國多年的居士曾和我談起，現在有不少法師和居士已對漢傳佛教失卻信心，轉而學習南傳次第禪法，而他所接觸的一位南傳佛教禪師的道場，戒律很嚴謹，修行很有次第，也讓他覺得很受用，非常讚歎。

其實不僅是他，現今有不少人士對漢傳佛教失去信心，原因即因看不到漢傳禪佛教的修行次第。但是，漢傳禪佛教真的沒有修行次第嗎？實非如此，而是多數人並未深入了解。因此，以下即從佛教的歷史進程，來談漢傳禪修次第及生活實踐。

印度宗教和佛教

佛教源自印度，在佛教興起之前，當時的印度已有許多宗教，如婆羅門教、耆那教、伊斯蘭教等，是宗教文化氛圍非常濃厚的國家。印度最早的宗教是婆羅門教，活躍於西元前十五世紀至西元前六世紀。婆羅門教主要的教義，是以婆羅門至上；婆羅門相當於宗教師，以祈禱天神獲得救濟，這是婆羅門教的信仰。

西元前六世紀，佛教和耆那教相繼興起。從教義而言，佛教與耆那教，並非全然迥異於婆羅門教的新興宗教，有部分內容是相通的，例如因果業報、祈禱等。當時的修行者發現，信仰若是僅有祈禱似乎仍不足，因此發展出自力的修行，其中之一就是修禪定。佛教的創始者釋迦牟尼佛，便是在這樣的時空背景中出生、成長，進而出家修行，覺悟緣起無我的實相而成道。

佛教的發展，從原始佛教，經部派佛教，而至大乘佛教，直到七世紀而逐漸式微，至十三世紀於印度境內滅亡。而今日我們所見印度境內的佛教，主要是藏傳佛教。

與佛教另一個關係密切的宗教是印度教。印度教的前身即婆羅門教，西元前二世紀轉為印度教，它的黃金時期，約在四至七世紀，正好是大乘佛教於印度的興盛期。為什麼印度教與佛教的黃金時期會重疊在一起呢？原因是印度教吸收了大乘佛教的精華，轉為其內涵，當大乘佛教發展至鼎盛時期，印度教也就隨勢登抵高峰。

這種現象，有點類似中國的道教與佛教的關係。一世紀前後，佛教傳入中國後，間接促成道教的興起。漢文化主要有儒、道兩家，儒家重入世，道家偏出世。當時中國境內並沒有宗教，嚴格來講，儒家不算是宗教，道教則以民俗信仰而受外來宗教——「佛教」的刺激後，所產生的一種本土宗教，並從佛教吸收精華。

四世紀至七世紀，大乘佛教和印度教幾乎同步發展至鼎盛期，然而印度教開始吸收並結合印度的本土宗教，更形壯大，當時出現一位非常傑出的人物商羯羅，他融通佛教與印度教教理，說法無礙，無人可及。而同一時期的佛教，外有異族侵擾之患，內見人才零落之憂，至七世紀已現衰弱之勢。

當時佛教沒有人才，又見到印度教有隆盛之勢，於是反過來向印度教學習。可惜印度教向佛教學的是精華，佛教從印度教學的是糟糠。就如同補藥與瀉藥之比，瀉藥入腸，一瀉千里，以至於佛教逐漸式微，至十三世紀在印度完全滅跡。

從教理來看，佛教與印度教的共通性不少。比如佛教講布施、禪定、持戒，印度教也有相近的修持方法；佛教講輪迴、解脫及因果業報，印度教也有類似的宗教思想。

最近一則新聞，澳洲某電視台的節目主持人有個四歲大的兒子，他兒子兩歲的時候，自稱是英國黛安娜王妃轉世，並道出許多黛安娜王妃生前的私人瑣事。這些生活細節，經過他的父親逐一查對，確實都滿符合。此外，幾個月前我到高雄關懷，有位居士則問我：「世上有沒有輪迴這回事？」

其實，很多宗教都講輪迴，佛教與印度教講的輪迴有何不同？佛教講「緣起無我」，輪迴起於業感；而印度教講的輪迴，則有個輪迴的主體，這就是不同之處。

禪宗相信輪迴，卻不重視輪迴。唐朝南泉普願禪師臨終時，弟子問他：「師父往生後去哪裡？」禪師答：「到山下做一頭水牯牛。」弟子又問：「師父已解脫，為什麼要投生為牛呢？」禪宗不否定輪迴，不是不落因果，而是不昧因果。「不落因果」會變成野狐禪，要「不昧因果」才是佛法。禪宗重於開發無我智慧，不在乎來生到哪裡去，到哪裡去是隨業力、願力決定。因此，到哪裡去不重要，重要的是願力自在，去哪裡都自在。

佛法的法梵文是Dharma，音譯為達磨，其核心即緣起法。大乘佛教詮釋的緣起法，是在修行菩薩道中完成解脫道。在修行菩薩道、度眾生的過程中，也同時向內觀照，將一層層的自我中心放下，無我的智慧就會顯現出來，這就是修行解脫道。如同佛經經常借喻芭蕉說明「法」的「內外皆無實」。芭蕉樹，看似結結實實的樹幹，一層一層剝除後，莖桿是中空的，什麼都沒有。裡面雖然什麼都沒有，但是一層一層包覆的葉莖是有的，可以拿來利用、利益他人，這就像修行菩薩道的平等心、慈悲心。

解脫道與菩薩道是一體的兩面：往外與無量眾生布施結緣是修菩薩道，往內看到沒有自我中心的存在是修解脫道。如果只修解脫道而忽視菩薩道，那就會脫離人群，而於世無益。如果只修菩薩道而缺乏解脫道，雖知道行善做好事，但自我中心的執著還在，最多只成就人天善法。唯有解脫道與菩薩道並行，才是真正的大乘佛法。

漢傳佛教的特色

要認識漢傳佛教，必須先了解印度佛教與漢文化的關係。

一般認為，印度大乘佛教有三大系，包括近代太虛大師及印順法師均如此劃分。印順法師指出的大乘三系，即是中觀系的性空唯名、瑜伽系的虛妄唯識、如來藏系的真常唯心。而漢文化向來喜好如來藏系統的經典，實有其原因。第一，如來藏系統重於實踐與實用，中觀和瑜伽系則重思辨分析。其次，如來藏經典比較簡要，此與漢文化儒家所推崇的「四書」：《論語》、《孟子》、《大學》、《中庸》之簡潔內容特性相通，很容易記，立即可用，這就凸顯出如來藏系統的優點。而如來藏的特色是什麼？聖嚴師父曾說，並非有個實體叫作如來藏，如來藏仍不離緣起的空性，《楞伽經》稱作「無我如來之藏」。

漢文化的背景主要是儒、道二家，尤以儒家為主流。漢文化敬畏鬼神，如孔子回答弟子季路請益而說道：「未能事人，焉能事鬼？」季路又問：「死是怎麼一回事？」孔子回：「未知生，焉知死？」儒家的智慧主張，是先把人做好，不要整天問神問鬼；如果連活著都糊里糊塗，談論死後，又有什麼用呢？

近代太虛大師主張「人生佛教」，實則也是將佛教從偏於「死亡」的異態拉回到「生活」的現實，用以糾正當時的葬式佛教；佛法是給活人用的，而不是專門超度死人的宗教。當然，《地藏經》所說，誦經迴向給鬼神是有用的，但《地藏經》也說，七分功德中，六分功德為活人受益，只有七分之一是我們所迴向的先亡得到利益。這便是大乘佛教與儒家的相應處，故能於漢文化的土壤滋長，主要是對現實人間有助益。

漢文化的另一主流是道家，重視修道成仙。佛教於兩漢時期傳入中國，在此之前，漢地沒有佛法，沒有人懂得佛法所謂的解脫、三法印等，要介紹佛教只有借用道家的術語。

我研究《安般守意經》，東漢時期的文獻已提到安般守意。「安」是清，「般」是淨，「守」是無，「意」是為，安般守意的意思即「清淨無為」。清淨無為，原是道家術語，當時的譯經家就借用了道家術語來介紹佛教的解脫道思想和修行方法，借用儒家重於現世利益的思想來提倡以慈悲關懷眾生的菩薩道，借用道家的出世思想來介紹以修行離我執煩惱的解脫道。另一方面，儒家的宋明理學，同樣也受佛教思想的影響，特別是吸收禪宗的精華，讓儒家學說更上一層樓。

此外，漢傳禪佛教與漢文化的另一共通點是重於「心性」的啟發。《六祖壇經》告訴我們要「識自本心」、「見自本性」。自心、本性，事實上就是佛法講的空性。聖嚴師父提倡的「中華禪法鼓宗」，兼容印度佛教次第禪觀的基本修行觀念和方法。如何體證自心本性？簡要地說，首先以基礎的方法如數息觀、念佛觀來修行，輔助方法是慚愧、懺悔，動力則是發菩提心；往上有中階的止觀禪或是念佛禪，然後再進到話頭、默照等高階修行方法。

日常生活中，時時處處都是修行的機緣。以我個人為例，每天做完早課走到齋堂站定後，到等候維那起腔唱〈供養偈〉過堂之前，約有兩、三分鐘空檔，我就在心中默念《六祖壇經．無相頌》，而感到很受用。

〈無相頌〉有云：「世人若修道，一切盡不妨。常自見己過，與道即相當。」又說：「若真修道人，不見世間過。若見他人非，自非卻是左。」惠能大師告訴我們這是真正的修行方法，與世間想法完全不一樣。佛法常說「世間顛倒」，因為一般人看待問題，經常把問題指向他人、檢討他人，而自己則完全沒問題，彷彿高人一等，這就是一種顛倒。

真正的修道人，是倒過來看問題。就像《楞嚴經》裡，佛陀告訴阿難，要將手心朝下的手翻轉過來；然而佛法不離世間法，無論手掌朝下、朝上，都沒有離開這隻手。所以《六祖壇經》亦云：「佛法在世間，不離世間覺，離世覓菩提，恰如求兔角。」菩提從來沒有離開世間，只要觀念反轉，世間法即通佛法。

實用易行的禪法

中華禪法鼓宗提供人們實用易行的禪法，能落實在生活。聖嚴師父提出的「一師一門，同心同願」，其中的「一門」即禪門，如何實踐呢？師父於《禪門》一書提出四個步驟：肯定自我、提昇自我、消融自我，以及超越的人生觀。

（一）肯定自我

《易經》云：「積善之家，必有餘慶；積不善之家，必有餘殃。」其中固然也有善惡的因果觀，卻與佛法所講自作自受的三世因果有所不同。我們要以佛法的知見肯定自我，信因果、明因緣，以信心坦然接受果報和還願。

在參加護法總會策畫的「方丈和尚抵溫叨（在我家）」活動時，我聽到一位召委菩薩分享：「當召委的好處就是消業障。」這是一種很好的角度，但還有更積極的看法。另一位召委說，他當副召委的時候，遭逢家中的老菩薩往生，那時他動了一念：「假使有法師前來關懷，我就發願當召委！」結果那晚，真的有法師去關懷了，所以他發願還願，當了召委。像這樣的發願，當然也很好，但是法師當日能否前來關懷是因緣法，並非單一因素可以決定。所以，不要讓發願變成一種交換條件式的行為，而要以付出而無所求的還願心，來發奉獻利人的好願。

1.受苦報用四感

常有人問：「我已經修行很久，也做了不少善事，為什麼還會遭逢厄運？」佛法講三世因果，所看待的果報，並非只看這一世，而是連續著過去、現在與未來的因果、因緣。相信三世因果，我們就不會對所處的逆境排斥、怨憎，而能夠坦然面對、接受。進而，正信的佛教徒會想到：「這是讓我還願的機會。」凡事正面解讀，逆向思考。所以，受苦報的時候，要用「四感」：感恩、感謝、感化、感動，用我們的修行來感化自己，用我們的行為來感動他人。

2.得福報用四福

聖嚴師父勉勵人要用「四福」增進福報：知福、惜福、培福、種福。可以說，用「四福」轉有漏的福報為無漏的福報。《永嘉證道歌》云：「住相布施生天福，猶如仰箭射虛空。勢力盡，箭還墜，招得來生不如意。」世間的福報終是有限的，如何轉成無漏呢？第一，要有正信的因果、因緣觀念。第二，要積極地修善止惡。第三，要把曾經做過的善行、善舉全部放下，心中不留痕跡。

（二）提昇自我

從有為至無為，從有漏至無漏，從有我至無我，必須要清楚明白因緣有、自性空的道理。世間的一切，無論是物質層面或者精神層面，皆由因緣所成，沒有一絲一毫自生、永恆、不變的存在，那就是無常、無我、空。透過修行，可以從肯定自我開始，漸而提昇自我、消融自我，乃至實證、開發出無我的智慧。

1.用四安和四要提昇自我

放不下自我，就放不下煩惱；這時要用「四安」來安頓身心，練習放下自我，放下煩惱。「四安」是安心、安身、安家、安業。我常分享，擔任方丈以來，身體好像比從前健康些。因為方丈的責任很重，常常要到很多地方關懷，結果變得更健康了。還有，無論再怎麼忙，我一定保持每天晨坐，臨睡前一定拜佛。這是用佛法的修行來安定身心。

面對物欲橫流的今日社會，提起「四要」可以讓我們放下貪欲，少欲知足，簡單輕鬆過生活。「四要」是需要、想要、該要、能要。記得二〇一九年春，去印度朝聖之前，導遊就提醒大家，印度的路邊攤不要吃，飯店的飲水不要喝，最好是喝礦泉水。但試想二千六百多年前，佛陀與隨行的大弟子們都怎麼吃飯、怎麼喝水呢？他們一路托缽，根本沒得選擇。現今導遊所警示不能吃的食物、不能喝的水，卻是當時佛陀與隨行弟子接受供養的飲食。

我們要少欲知足，修行才容易成功。在少欲知足的基礎上力行菩薩道，為眾生奉獻付出而不求回報，這才是真正用佛法自度度人。

2. 提起眾生行菩薩道

大家可能都聽過，聖嚴師父小時候帶著一根香蕉與班上同學分享的故事。不僅好吃的香蕉要與同學共享，當師父體驗到佛法的好，也是迫不及待地與人同享。也就是說，為了度眾生而無限地付出，不求回報，便是放下自己，提起眾生。

有的人知道佛法很好，自己卻沒時間參加修行，但是他會接引人、勸勉其他人學佛修行。這樣固然也好，可是最好還是親自參加共修，當你體會到佛法的利益，無論是成長自己或是幫助他人，都會更有力道。尤其菩薩道是以利他為前提，來成就福慧雙修、悲智雙運，這是非常可貴的初發心。

（三）消融自我

1. 解決困境用四它

所謂三輪體空：無施者、無受者、無所施的事物。看起來似乎有點抽象，其實「四它——面對它、接受它、處理它、放下它」，即是三輪體空的實踐方法。現代網路訊息流通非常快速，隨時都有新聞快報，無論新聞事件發生於何時何地，我們會發現，刺激、聳動的新聞總是多於光明面的好人好事報導。我曾嘗試分析某一新聞事件背後的原因，結果耗費不少時間，也找不到解決問題的答案。後來我想通了，以「四它」來面對、接受、處理、放下。當然，我還是會關心今天發生了哪些大事，但是清楚哪些是我能處理的範圍，哪些是我能力未及之處。如果是我無法處理的事，擔心也沒有用，倒不如把身心安住於分內事，如修行、準備演講、到各地關懷，讓更多的人知道佛法、享用佛法，這更務實、切實，也更重要。

2. 以慚愧、感恩及放鬆身心來化解壓力

遇到不順眼的人與事，如果都當作是菩薩示現，自己的成長會更快。不抱怨，也不怨天尤人，奉獻不求回饋，順、逆皆感恩歡喜。

消融自我是希望達成放下自我，那便是頓悟禪法的目的。如果在日常生活中，時時處處放鬆身心，進一步用禪法修行，便有可能達成放下自我的目的。現代人都非常地忙碌，而忙碌有兩種，若是為他人忙碌，奉獻付出而無所求，內心會獲得一種無所負擔的自在歡喜，即所謂的「為善最樂」；但如果自己要追求的欲望太多，便會感到每天都非常地忙碌，常常會壓力重重，即所謂「壓力山大」。所以法鼓山提倡「身在哪裡，心在哪裡，清楚放鬆，全身放鬆」十六字箴言。

我曾看到年輕人，坐在便利商店裡，一邊暢飲，一邊戴耳機聽音樂，還能一

邊看雜誌。這種情形我也曾有過，因為時間太寶貴了，希望能夠一心多用。但我觀察，其實節省不了多少時間，一心多用反而容易做錯，最大的問題是常常不知道心裡在想些什麼。因此，我常常勸勉居士菩薩們，每個當下只做一件事，便能夠時時處處觀照身心、放鬆身心。

（四）超越的人生觀

這是證悟的境界，即如《金剛經》所說「無住生心」、《心經》所言「無智亦無得」，以及《六祖壇經》所云「憎愛不關心」。超越的人生觀，必須透過觀念的轉化和方法的實踐，解行並重、雙管齊下，才能超越。以下以修學禪法、佛法四次第來歸納前面所說的四個步驟，事實上這也可以會通於修學佛法、禪法，乃至觀音法門。

修學禪法、佛法四次第

禪修功能	佛法修證			觀音法門
肯定自我	信	信	聞	念觀音
提昇自我	願	解	思	求觀音
消融自我	行	行	修	學觀音
超越的人生觀	證	證	證	做觀音

肯定自我、提昇自我、消融自我、超越的人生觀，事實上可對應佛法的修證層次「信、願、行、證」、「信、解、行、證」，或是「聞、思、修、證」。

數月前，法鼓山副住持果品法師跟我說：「方丈能不能來法行會關懷菩薩？」我說目前行程較忙，建議先安排其他法師關懷，或是可試辦讀書會小組分享，從主題設定，有系統地閱讀聖嚴師父的書。讓大家主動分享、互相成長，才不會只停留在信、聞的階段。

能夠信、聞也很好，但這一階段也有相對應的修行方法。信、聞，都是屬於第一個層次的肯定自我，能夠使人增加信心。如果再從聖嚴師父提出的觀音法門四次第「念觀音、求觀音、學觀音、做觀音」來看，「肯定自我」可對應於第一層次的「念觀音」。

第二個層次是「提昇自我」，透過發願、理解、思惟而達成，相應於「求觀音」的階段，不是為自己求，而是為眾生求。我們要提昇自我，必須透過理解和思惟；當我們理解及思惟以後，能夠與人分享，代表我們對佛法的理解和體悟已更深入。

第三個層次是「消融自我」，發菩提心、修菩薩行，目的是為了利他，因此必須老老實實、鍥而不捨地精進修學。在利他的過程中，自我中心逐漸消融，相應於「學觀音」的階段。

第四個層次是「超越的人生觀」。佛陀十大弟子中，阿難尊者被譽為「多聞第一」，但直至佛陀涅槃前，阿難尊者始終未能證悟。佛涅槃後，大迦葉尊者帶領僧眾進行第一次結集合誦經典，與會的基本門檻是已開悟的阿羅漢。阿難尊者因尚未開悟，被大迦葉尊者拒於門外。此時，阿難尊者省思慚愧之餘，以自為舟、以法為舟，當下證悟空性，取得第一次經典結集的入場券。

所謂「師父領進門，修行在個人」，師公東初老人曾對聖嚴師父說，師徒之間是三分師徒、七分道友。同樣地，僧團法師與諸位菩薩是互相砥礪的善知識，而不要變為互相依靠、依賴的對象；我們是在互相勉勵中，提昇自己的品質，建設人間淨土。人人如此發願、如此力行實踐，我們的社會就有希望，我們的世界就有未來。

（二〇一九年八月一日，講於法鼓山法行會例會講座）

第三篇

止觀默照

安般、止觀與頓悟禪法

本文將從安般念或安那般那念，也就是俗稱的數息觀來介紹次第禪觀。談到次第禪觀，相對的就是禪宗無次第的頓悟法門。禪宗雖不講求修行次第，然而禪宗頓悟法門的應機者，多是上根利智之人，或是已有修行基礎的禪者。也就是說，修頓悟法門之前需要有一個基礎，這個基礎，便是運用次第禪觀的方便，從安定散亂心開始，進一步收攝為集中心、統一心，然後將統一心也放下，那便是禪宗的頓悟法門。

禪修三層次

禪修，基本上有三個層次：一是靜坐，二是禪定，三是禪悟。第一個層次的靜坐，是許多宗教的共通層次，除了佛教以外，道家、印度教和天主教等也都有靜坐。第二個層次的禪定，即所謂的四禪八定，屬於深定，某些禪定甚至會引發神通或者神祕經驗；而佛教常談到與禪定相關的名詞，則包括三昧、靜慮等。第三個層次是禪宗的禪悟，也就是開悟。

次第禪觀，一種是修持傳統的次第禪定，重在求個人的解脫生死，因為生死煩惱太可怕，所以希求得解脫，這通常需要遠離人群去修深定來達成。另一種是大乘定，是從菩提心出發，在奉獻人群之中而不起煩惱的禪定；而大乘定，不需要修深定，在生活當中就能開發出定慧相應的智慧，也就是以智慧得解脫的禪定。

修行這種慧解脫的禪定法門是有根據的，《中阿含經》云：「龍行止俱定，坐定臥亦定，龍一切時定，是謂龍常法。」《阿毘達磨》亦云：「那伽（如來）常在定，無有不定時。」這個「定」，事實上是未到地定，即是如來在日常生活中的禪定——如來禪。禪宗惠能大師則進而提出「惟論見性，不論禪定解脫」的頓悟法門——「外離相為禪，內不亂為定。」這是一般凡夫、賢人、聖人皆可以修得，重於智慧開發的祖師禪。

修學佛法有戒、定、慧三學，相當於蓋三層樓房，戒是第一層，定是第二層，慧是第三層。如果只蓋第三層，而省略第一、二層；或者只建第二層，而不蓋第一層，那就會變成空中樓閣，事實上也是不可能的。禪宗講的定慧不二，同樣要建第一層，只是第二、三層，有點像是當今建築工法的預鑄法，第二、三層蓋妥之後，再與地面第一層銜接；或比如挑高的佛殿，第二、三層是一起蓋的，但無論如何，第一層一定是必要的，並非懸空建二、三樓。

不論在家、出家，第一層的持戒還是很重要。在家居士從三皈依開始，再受五戒、八戒，或者菩薩戒。所謂「人成即佛成」，先把人做好，有了基本做為人的人品、人格——身、口、意要達到一定程度的清淨，再來修定、修慧，否則會變成外道定。修行可能產生神通或鬼通，這些或許暫時會吸引一些人，甚至產生一些像治病或者特異功能，但結果往往是害人害己。

修行止觀的原理

不論是否在修行狀態中，一般人的心都同時存在兩種功能，一種是觀，一種是止。觀是分別（知道）、察覺或是明照的功能；止是不分別（不去知道）、止息或寂靜的功能。一般人都有一點定力，比如專心看書或看電影時，我們的心集中於書本文字或是電影情節，就是類似定的功能。但是一般人的心念，有活動力——動的時候就會散亂，心念散亂，容易讓我們緊張而感到身心疲累；當心的活動力消耗殆盡之後又變成昏沉。所以，散亂與昏沉雖是念頭的兩種狀態，事實上是同一種不安定的心理狀態——這是因極端的「觀」所造成。因此，修行止觀的原理告訴我們，一般人要遠離極端的「觀」，而修行人要遠離極端的「止」。

一般人止的力量是很薄弱的，觀的動能非常強大，但是品質卻很低劣，而禪修的基本原理，就是訓練我們的心遠離極端的觀，當修行到止觀力量達到均等，便是最理想的狀態，也就是四禪。四禪以上，叫作四空定，即空無邊處、識無邊處、無所有處、非想非非想處。四禪是色界定，四空定是無色界定。在初禪之前的未到地定，是欲界最高的定，事實上非常接近初禪，因此在論典中，也把它歸類為初禪。

禪宗的修行，就是根據「如來常在定，無有不定時」的原理，並不鼓勵進入初禪。原因是進到初禪以上，身心不動、入定了。在定中，沒有時間和空間感，也沒有身體的感覺；如果入深定，對身心已完全沒有知覺，但是我們既然活在人間，身體一定會受到外界地、水、火、風的影響。虛雲老和尚在南洋時，經常入定，有一次入定九天。出定之後，身體已多日未獲營養供給，非常虛弱，幸得感應護法龍天的護持，才逐漸復元。

止觀最均等的狀態是在初禪至四禪，所以四禪獨稱為靜慮。超過四禪之後的無色界定，觀的力量愈來愈弱，而止的力量愈來愈強；當入非想非非想定——止的力量達到最強大時，觀的力量卻等於零。因此，禪定之中，可以開發智慧的是「七依定」，就是初禪、二禪、三禪、四禪，以及空無邊處、識無邊處、無所有處。非想非非想定的定力是百分之百，而觀的力量卻為零。此時，心完全不動，可以八萬大劫都在定中，而完全沒有機會發慧。

佛教的四禪八定，可以跟慧結合的是滅受想定，又稱為滅盡定。事實上，它的定力雖然和世間定的非想非非想定相等，只是它是有智慧的定，所以另給一個名詞，叫作滅受想定，又叫滅盡定。

止觀與定慧

從印度佛教開始，止和觀即是分別的，修止可以得定，修觀可以發慧。事實上，止和觀是心的功能之一體兩面。所以禪宗講定慧一體，如果修定而未與慧結合，最多只是一種世間定或外道定。佛教修定的目的，是為了獲得智慧，而佛教的修行，一定要將定慧結合在一起。

如上所說，佛陀在日常生活中的未到地定，身體還是可以動，但是心念不起煩惱。這告訴我們，發慧並不需要修深定，我們每個人都有「觀」的能力，比如我們都知道念頭在動，只是說這是一種未經訓練的散亂心，通常沒辦法用來觀察念頭自身的「無常、無我、空」的法性，主要是因為我們的心非常散亂。就好像小時候我們玩凸透鏡生火的遊戲，日正當中之際，在一把凸透鏡下放置火柴棒，使陽光透過鏡面聚焦產生熱能生火。如果將這把凸透鏡移來移去，不斷轉移焦點，就無法產生熱能。一定要讓它持續集中焦點一段時間，凝聚陽光照射，才能起火。修定也是一樣，如果我們的念頭到處移轉、攀緣，心力無法集中，同樣無法用來修觀。

次第禪定有四禪八定，通於世間定及外道定。如果修定不修慧，無法解脫。佛經有個「以石壓草」的形容，僅僅修行禪定即是暫時把草壓於石下，遏止草的生長，一旦把石頭移開，雜草很快就會長出來。所以，只有禪定力並非究竟，當定力退失之後，煩惱還是會再冒出來；唯有開悟見性，才能真正明知煩惱為何物。當然，常常保持心安定的人，煩惱是比較少的，也可說禪定是治標，智慧才能治本。

傳統佛法講的是戒、定、慧三學，有如三層樓，第三層是最不容易達到的，卻是佛教真正的特色。因為其他宗教可能也教人持戒、修定，只有第三層的智慧是佛教獨有的。但禪宗的頓悟重視智慧，並不鼓勵修深定，重要的是發慧。開發智慧能使我們對修行產生大信心，然而不是立即解脫煩惱、生死。

以慧解脫原理修止觀

達到解脫的方向有兩種，一種是慧解脫，一種是俱解脫。俱解脫的意思，不僅生死煩惱、無明煩惱都沒有了，八個禪定也全部修完，並且進入滅受想定，叫作俱解脫。慧解脫則有兩種層次，一個是尚未進入第八個禪定，而到初禪、二禪、三禪、四禪，乃至第七個禪定無所有處，都叫作慧解脫。

另一個層次的慧解脫是禪宗所重視的，只要達到未到地定，不需要修深定。以小乘佛教的修行而言，以未到地定同樣可以證到阿羅漢果，這是慧解脫的特色。禪宗即依慧解脫的原理，以未到地定的定力，就可以達成定慧相應的功能，這是禪宗頓悟方法的原理，而達到發慧的目的。

禪宗不講解脫，不求證果位，重視能夠見到與佛同樣的真如本性，即是所謂「惟論見性，不論禪定解脫」。見到真如本性，也就是見空性；見性之後，雖然仍有煩惱，但我們會對佛法的修行產生強烈的信心。而能夠見到空性，也就能夠放下身見、我見。

禪宗主張定慧不二，默照或話頭是定慧不二的禪法；其修行原理仍從止觀而來，修行止與觀是因，而修行的果是定與慧。以傳統佛教而言，修止得定，修觀得慧。但這裡有二個層次：第一個是修定層次的止觀，所以五停心觀裡也有觀。以數息觀來說，它有具體的所緣相，比如數息的對象是呼吸，它是運用「身觸」（感受呼吸的出入，接觸到鼻子下面的人中部位）的原理，把所緣放在呼吸上；如果是觀想佛像，所緣可能是阿彌陀佛；如果是念佛，對象就是念「阿彌陀佛」佛號聲。另一個層次是修慧觀時所用的止觀，沒有所緣對象，它是無相的，直接觀察法性的無常、無我、空。

禪的修行重視智慧開發，而智慧不在定中、不在昏散中，也不一定是在打坐中。近代虛雲老和尚開悟的因緣，即是在一次禪期中，和大家一起在齋堂喝茶，但他還是在方法中，也就是他的疑團尚在，而他的身體仍然可以動，可以手拿杯子接茶水，結果被熱水濺到，手被熱水燙著了，水杯落地，撲通一響，當下打破疑團而開悟。那就是說，虛雲老和尚當時在疑團當中，對心外的注意力較少，所以沒有特別去注意倒茶的人，而被熱水濺到手，杯子落地發出聲響，而造成他開悟的因緣。所以，禪宗並不主張一定要打坐或是入定，才能開悟，這是很具體的例子。

五停心「止」與四念處「觀」

五停心重於「止」，四念處重於「觀」，五停心乃是止中有觀，故又稱為五停心觀。如果是傳統的次第禪法，先從五停心以止修定，再用四念處以觀修慧。五停心觀的修定方法，包括數息觀、不淨觀、慈悲觀、因緣觀、界分別觀，總共五種。以數息觀，對治散亂的煩惱；以分析十八界、觀十二因緣，對治愚癡的煩惱；慈悲觀則是對治瞋心的煩惱，這對於修大乘佛法來說，就更重要了。

次第禪法在以五停心觀修成定之後，再修慧。修慧觀，主要是透過四念處，即觀「身、受、心、法」，身是身體，受是感受，心是心理狀態，法是指一切現象的特質：即無常、無我、空。

四念處有兩個層次的修行階段，包含別相念和總相念。第一個層次的別相念，是為對治四種顛倒的執著。如「觀身不淨」，觀察身體的內內外外都是骯髒不淨的，所以能夠降低對身體外在形色的貪著和追求。「觀受是苦」，所以不會去追求種種感官、欲望的滿足。「觀心無常」，無論是內心或是外境都是剎那變化無常的，若自觀心念的變化不停，則容易覺悟無常的原理。經常練習觀心無常，面對各種順、逆境界，比較容易接受。對自己而言，則能比較謙虛、放下；對他人而言，則比較能夠關懷與包容。「觀法無我」，則在面對種種人、事、物的時候，能夠時時放下自我中心的執著。

四念處的另一個層次是修慧觀，即總相念，主要是觀「三法印」的無常、無我、空。觀總相念的時候，身、受、心、法，是整體相通的，都可以觀無常、無我、空，所以總相念是比較高階的修行層次。

再往上是煖、頂、忍、世第一。「煖」是溫暖，好像母雞孵蛋，溫暖至一定程度，小雞即可破殼而出。「頂」是山頂，如同攀登至山巔。「忍」、「世第一」，則指信心不會再退轉。再上去就是見道，乃至證初果到四果。

五停心觀、別相念、總相念、煖、頂、忍、世第一，稱作「七加行」或「七賢位」，這是傳統次第禪觀的修法。

以數息觀方便安心

安般的數息觀法門，主要有六個次第：「數、隨、止、觀、還、淨。」這是在部派佛教才發展出來的，天台宗進一步將其組織化，稱作「六妙門」，屬天台三種止觀的「不定止觀」。原始佛教將安般法門分成十六個階段，叫作「十六勝行」。「十六勝行」的第一個階段，相當於六妙門的「隨息」。佛世時期，當時的修行人多數已有修定的基礎，所以不需要再經過數息的階段，即可直接從隨息修起。到了部派佛教時期，修行人的根器漸鈍，這才開始有了數息的方法。

原始佛教的修行者，從一開始就是隨息。這個隨息，不是一般跟隨呼吸的隨息法，而是數息法修成功之後的隨息。隨息修成功，就可以達到欲界定，欲界定修成功達到未到地定，未到地定已是一種穩定的統一心。

六階段的「安般法門」，它同時也是修行漢傳禪法的基礎，但我們較借重其前面「數、隨、止」三個階段的修法。「數」是數呼吸，「隨」是隨息——隨著呼吸而將心安住。數息觀所根據的原理是六觸身（ṣaṭ-sparśa-kāya）的身觸，呼吸時，氣息從鼻端出入，接觸到鼻子前端的人中部位，使我們知道呼吸的存在。當心的注意力緣於身觸時，便可感受到氣息（風大）的存在，那即是氣息的流動。當氣息充滿全身時，身體粗重的感覺會消失，甚至身體會不見，此時會進到第三層次「止」，進而達到欲界定或是未到地定。這是數息觀的修行技巧。

如果進入「止」的階段，可能已經覺察不到呼吸，因為全身都在呼吸，這時已達到統一心。修止的技巧，有遍作相、取相、似相。「遍作相」是初始知道呼吸要成為心的注意力所緣。「取相」是心無旁鶩，注意力只緣於呼吸。進一步是「似相」，只知道呼吸的存在，身體的感覺幾乎不存在；注意力完全在呼吸上面，感覺不到身體的存在，這時已經接近統一心了。

如果以觀佛像為例，看一尊佛像是「遍作相」。看過之後把眼睛閉起來，回想剛才看到的佛像是「取相」。但是剛開始修行，取相的時間很短，也無法清楚呈現在心中，經由不斷地練習，取相會愈來愈明顯，這個時候就變成「似相」。也就是說，當你閉上雙眼，佛像在你心裡仍非常清晰，甚至更勝於外在的佛像，這時已接近統一心了。

禪宗的話頭禪與默照禪，都是頓悟法門，如果有止的基礎，再來修禪宗的無次第法門會更容易。如果是利根上智之人，或者之前已有修行經驗，也可以直接用話頭、默照。因此，聖嚴師父說：「禪法本身無次第，修行的過程則是有次第的。」原因是禪宗重視開悟見性，開悟的剎那是頓悟，無次第可言，但是要達到開悟的過程或方法，則可以有次第。

印度的次第禪觀，從五停心修「止」入定，再出定以四念處修「觀」。禪宗的方法，借用安般念（數息觀）的基礎，不必要求修行到入定，當心比較安定時，就可以用話頭或默照禪法來發悟，因此不需要遠離人群也可以修行，這也就是禪宗祖師所說：「禪在生活日用中。」但是一般人經常處於身心分離的狀態，所以我們需要基礎的方法來鍊心，隨時隨地知道「身在哪裡，心在哪裡」，這是一種修行禪法的方便。

定慧等持的頓悟法門

用數息觀的方法，練習達到集中心或一心時，即可用漢傳的頓悟禪法來開發智慧。所謂頓悟的禪法，就是運用定慧等持的原則，我們以話頭和默照來說明如下：

參話頭，比如「我是誰？」、「念佛的是誰？」、「什麼是無？」、「父母未生前的本來面目是什麼？」，這些都是方法，也可以說是一個念頭，但這方法用的是一個疑問，疑問的本身不會讓我們進入定境，但它會經過與定相應的過程，也就是從散亂心、集中心至統一心。因為話頭方法，它不是一個修止的對象，而是一個疑問，這個疑問指向心念存在的根本問題，因此不能對這個疑問存有任何的答案，不能對這個疑問給予任何的答案。話頭是對生命存在本身的一種深度疑問，稱作疑情，當疑情不斷累積，會形成濃厚的疑團，形成疑團的過程會與定相應，但又不會進入定境，而待機緣成熟時，就像雞蛋破殼一樣，會把疑團本身破掉。參話頭時，疑情是一個念頭，達到統一心時，因為它本身是一個疑問，具有觀的力量，所以方法的本身會把方法自己打破，這是修行話頭的原理，雖是從定到慧的過程，但方法本身是定慧等持的方法。

默照的原理，也從止觀而來。默照的修法，可比喻為稀釋法，是以放鬆身體為基礎，而後觀全身、觀全境、觀內外無限，最後是絕觀默照。以觀全身而言，它不是一個定點的觀，而是觀全身，知道全身的存在，然後觀全境、觀內外無限，這有點類似同心圓且心量不斷擴大的慈悲觀：我們的心往外擴大，所謂至大無外，當心擴大到心的本身不存在——自我消失的時候，即是開悟。默照的方法可說比較溫和、比較鬆，它是稀釋、稀釋再稀釋，將心的雜質稀釋至徹底無染，即是開悟。

相對而言，話頭的法門比較緊，可理解成一種濃縮法，是將自我中心濃縮、濃縮再濃縮，濃縮至極點已沒有空間了——至小無內，自我中心的粉碎、爆破，而到達明心見性。

不過，比較起來，默照禪法在前段修定的過程比較明顯，所以比較容易修，但發悟卻比較不易成就，必須正知見要很清楚，否則可能會以定為慧，而不是真正開悟。話頭則是比較難修，卻較容易成就，原因是疑情不容易發起，而且要維持長時間的疑情更不容易，一般人只有在碰到特殊的狀況，才會產生疑情。比如家人親友往生，才會想到「生從何來？死往何去？」類似話頭的疑情。

有一個觀念需要知道，漢傳禪法是大乘菩薩道的修行，雖然我們自己修行的目的是要開智慧，但是幫助他人時，卻不必然要告訴對方用相同的方法，讓他們也去問「本來面目是什麼？」因為這不一定能夠解決他現在的問題，而是要看對方現在的需求是什麼，來給予幫助。大乘菩薩道的發心是法門無量誓願學，眾生需要什麼，我們就去學習，學習是為了要奉獻，因此，菩薩道是值得讚歎的。

（二〇一五年七月二十四日，講於美國法鼓山新州分會）

止觀與默照的會通

「默照」一詞出現於中國，最早見於東晉孝武帝時期，僧肇法師於〈答劉遺民書〉中說到：「夫聖人玄心默照，理極同無。」僧肇法師是鳩摩羅什大師非常傑出的弟子，當時他已用到「默照」此一名詞，並論及默照與止觀、定慧的聯繫。劉遺民向僧肇法師請益的書信裡，使用的名詞是「寂照」，而僧肇法師覆信時，則出現「寂照」與「默照」兩個用詞。「寂照」的「寂」也相當於「止觀」的「止」，西晉譯經大師竺法護在翻譯印度禪師僧伽羅剎所著的《修行道地經》時，就將「止觀」譯為「寂觀」。

默照是漢傳禪佛教的高階禪法，遺憾的是，宋朝大慧宗杲禪師曾批評宏智正覺禪師的默照乃是邪禪，以致大慧宗杲之後，倡導默照禪法的人不多，而批評默照禪法的人則不少。近代禪師虛雲老和尚五宗並弘，聖嚴師父繼承臨濟、曹洞雙法脈，並傳默照、話頭二支禪法，創立中華禪法鼓宗。而日本道元禪師提倡的只管打坐，事實上即承自漢傳禪法的默照禪。

止觀與默照

我們從《阿含經》看到幾種止觀的修行方法，有的先修止，以觀得解脫，也就是先修定，以慧得解脫；有的先修觀，以止得解脫，即是先修慧，以定得解脫。

印度佛教集止觀大成的，是唯識的《瑜伽師地論》；漢傳佛教集止觀大成的，是天台的止觀。然而不論是《瑜伽師地論》的止觀，或是天台的止觀，理論體系非常龐大，不容易成為一種具體的修行方法，直至宏智正覺禪師時，才將默照提煉成簡要而具體的修行方法。

依聖嚴師父所教授的默照禪，有四個次第：觀全身、觀全境、觀內外無限及絕觀默照；前三個層次屬於直觀，第四個層次是以絕觀發慧。這四個層次，雖然前兩個層次先修「照」，而後達到「默」的功能，但主要還是以「默」止散亂心。觀內外無限與絕觀默照，則是默與照同時作用。這相當於《雜阿含經》所云：「修習於止，終成於觀。」

話頭則不同，話頭相當於《雜阿含經》所云：「修習觀已，亦成於止。」所以，一開始參話頭，就相當於以觀慧為先導，至與禪定相應，即能開悟見性。

四念處與默照

默照禪的修法，聖嚴師父教導我們從體驗呼吸開始，以數息、隨息也可，方法與「數息觀」的次第有點相近，「數、隨、止」，重在修定；若對照四念處，四念處又分「別相念」和「總相念」，默照一開始就是修「總相念」。

剛開始修默照，我們的散亂心比較重，需要以數息或隨息的方法來收攝。體驗呼吸，事實上是隨息方法的一種應用，但還不是真正的隨息。真正的隨息必須要經過數息的過程，數息數到自然地把數目字放下，才進到隨息。此時，會有一種輕安境出現，或者與輕安境相應的定境。

如果體驗呼吸用得很好，不必進到數息觀的隨息法，直接就可用默照；如果體驗呼吸的方法用不上，可回到基礎的數息方法，也滿好用。

從量變到質變

在數息、隨息階段，雖然與五停心觀的「數息觀」有點近似，但是觀念與操作方式不同，我們用的方法與默照禪的原理相應。比如數呼吸或是隨息，不是為了進入次第禪定，而是隨時隨地以息來掌握心念，並進一步把自我中心的執著也放下，可能有點不太容易做到，但是要不斷地練習、運用。

我在多年前曾參加繼程法師主持的一場禪七，那次禪七是在夏天，因為禪堂後方即是一片雜樹林，每天都聽到蟬鳴聲。那次禪七之後，每到夏天聽到蟬鳴，都會想起那次禪七的情景。後來我就告訴自己，這有點不太對勁，聽到蟬鳴是當下的事，與那次禪七沒有關係。

這有點像我們現在時常透過電腦查詢，任何資訊只要一輸入電腦，馬上就與電腦儲存的資料快速比對，立即可以產生訊息。而我們的心念反應的速度比電腦還快，所以我們的見聞覺知，或者是我們的眼、耳、鼻、舌、身五識，一接觸到任何資訊，馬上就與大腦記憶中的「資料庫」進行比對，立即輸出，告訴我們現在發生什麼事。這是心理的自然反應，也是第六意識分別心的作用，早已離開了「現在」，回到無數的「過去」。默照前三階段的「直觀」方法，則是要將我們的心時時刻刻維持在「現在」。

所以，修行就是把我們的心，隨時隨地放於現在，不回憶過去，也不追求未來。但是我們的心早已習慣於跟過去比較，也跟他人比較。所以練習直觀，就是不要進入我們大腦的記憶庫，不讓後念與前念產生關係；這就是修行的原理，隨時隨地放在當下這一念，透過方法，一而再、再而三地練習，漸漸就熟能生巧，而將心維持在現在當下的一念上。

修行，一個是質的提昇，一個是量的提昇。「止」重於量的練習，「觀」重於質的純化。有可能每次打禪七，好像狀態都差不多，沒什麼進步，但其實還是有進步，至少我們練習的「量」增加了，這也很重要。「質」的提昇，也需要透過量的累積來達成，這也是一種漸修頓悟的原理，從量變達到質變。一而再、再而三，每一支香都是第一支香，每次用方法都是第一次用方法，方法以外的東西全部放下，修行必能有所收穫。

（二〇二〇年六月六日，法鼓山僧眾結夏開示）

圓覺與默照

今天和大家分享「圓覺與默照」，即是將默照的修行方法和《圓覺經．清淨慧菩薩章》做一對照比較。

浮生若夢

很多高僧大德都以「夢」字做為別號或是著作名稱，像是明末四大師之中的憨山大師，其著作《憨山老人夢遊集》即以「夢」為關鍵字。又如數年前圓寂的夢參老和尚，他老人家的法號也有個「夢」字。事實上，《金剛經》已經告訴我們：「一切有為法，如夢幻泡影，如露亦如電，應作如是觀。」從佛法來看，我們每個人的人生，都是不折不扣的一場夢，從一出生，就開始面臨老死的幻滅。而參禪的目的，就是希望能夠透徹了解「未生之前，乃至死亡之後」的生命，究竟是怎麼一回事。

元朝高峰原妙禪師在他二十多歲時，就有多次開悟經驗。他最初是參「萬法歸一，一歸何處」，後來因見到臨濟宗五祖法演禪師自述真讚：「以相取相都成幻妄，以真求真轉見不親。見成公案無事不辦，百年三萬六千日，翻覆元來是這漢。」讀至「百年三萬六千朝，翻覆元來是這漢」，而當下開悟。之後他再參：「什麼是無？」，亦多次開悟。三十歲那年，他的師父雪巖祖欽禪師告訴他：「你尚未徹悟，還要繼續參！」並給了他一個話頭：「無夢無想，無見無聞，主在什麼處？」高峰原妙禪師就因為參這個話頭而徹悟，而其徹悟的因緣是聽到鄰旁僧人的枕頭掉落，「推枕子落地作響，驀然打破疑團」。

這個公案給我們三個層次的啟發。第一個層次，同寮睡覺要好好睡，不要干擾到鄰單。第二個層次，被干擾的人不要在意，要提起佛法的觀念，視干擾為修行的助道因緣。第三個層次，學習高峰原妙禪師雖然受到干擾，反而促成開悟的因緣。

如夢初醒

我們每天都在做夢，不只晚上做夢，白天也在做夢。我最近就在練習把每一天醒來之前的昨日事，通通當作是夢，而把今天當作一生來用，從晨醒至安板前，視為一期生命。事實上，白天的過程也在做夢，比如清晨大家在大殿做早課，已經事過境遷、不存在了，那是夢。又如大家剛用完早齋，已是過眼雲煙事；而現在大家聽我講話，好像不是夢，但等會兒一結束，也是夢。

日常生活中，我們雖然感受到心念緣著現前境，事實上，現在心並不是很明顯，因為我們的心念大都是在攀緣過去，或者攀緣未來；隨著年紀漸長，我們的心愈容易攀緣過去。

永嘉大師的〈奢摩他頌〉提到禪者的五種念頭：「故起」、「串習」、「接續」、「別生」、「即靜」。「故起」、「串習」、「接續」，主要是過去心，也有攀緣他境的未來心，這三種心念的現在心都不明顯。「別生」是後悔的心，後悔的心也並非完全不好，至少能夠馬上修正。若能即知即覺，便是「即靜」。修行至最後，則連「即靜」也要放下。

不論是故起、串習、接續、別生，代表我們的心念無時無刻不在動。心念一動，時間感就產生了；有了時間感，空間感也會出現。因此在日常生活中，我們都不會離開時空因緣而存在；而我們修行的著力點，就是不惦念過去，也不攀緣未來，隨時隨地保持著現在心。

修行若能得力，多少會感受到輕安境，此時的現在心比較明顯，甚至身體的感覺消失了，禪修者可能多少有類似的體驗。當輕安境生起時，或是與定境相應時，就能體驗到所謂的八觸：「動、癢、涼、煖、輕、重、澀、滑。」或者其中一種，或者數種，再漸漸達成工夫一片，也就是念念都在當下，進而時間感消失。若是進入定境，則感受不到空間、時間的存在。定與慧的經驗，有時是滿相似的，南宋的大慧宗杲禪師就曾把某次定境的經驗誤以為開悟，他的師父圓悟克勤禪師是明眼人，要他放下，繼續參下去。用禪法將統一心與定境打破，叫作虛空粉碎、大地落沉。

高峰原妙禪師的徹悟因緣，是因聽到鄰旁僧眾的枕頭落地發出聲響而開悟。當時的枕頭，應該不是現代人常用的棉枕，比較可能是竹藤編的枕或者是木枕，因此當枕頭落地時是有聲音的。虛雲老和尚開悟的因緣，則在禪期某次開靜後，護七菩薩沖開水，將熱開水濺到他手上，茶杯墮地，當下頓斷疑團，而做開悟偈：「杯子撲落地，響聲明瀝瀝；虛空粉碎也，狂心當下息。」所以，要把統一心打破，便可體驗到無心，那是真正的如夢初醒。

知妄即離

《圓覺經．清淨慧菩薩章》云：「居一切時不起妄念，於諸妄心亦不息滅，住妄想境不加了知，於無了知不辨真實。」若能體驗到任何時候皆不起妄念，就可以隨順圓覺的覺性。當妄心生起時，只要立刻知道就好，所謂「念起即覺，覺之即無」，並不需要再起一念心，來去除那妄心。當察覺到妄想境時，也不需要去分別、了知那個妄想境是什麼。在對那妄想境不加了知時，心即清明寂靜，不要動念頭，去分別這樣的境界是真的還是假的。

事實上，白天打妄想的妄想境也是一種夢。如果晚上做了惡夢驚醒，大概不會去回想，但如果做的是好夢，夢醒之後，可能還會去想怎麼會做這個夢？甚至追想夢境情節，這就是所謂「好夢由來不願醒」。知道是夢，不論惡夢、好夢，都要放下。

宗密大師在《圓覺經略疏》寫道：「居一切時不起妄念。」即是體驗到妄心不起，這應是在十信位「勞慮永斷，得法界淨」的境界。十信位還是凡夫，而凡夫也可以開悟，叫作「凡夫隨順覺性」。在我的《聖嚴法師中華禪法鼓宗禪法研究》一書中的〈漢傳禪佛教之起源與開展〉一文，即研究整理聖嚴師父提到的開悟三層次：凡夫開悟、賢位開悟及聖位開悟。

起妄念時，「知妄即離，離妄即覺」，這也是《圓覺經》所說的「於諸妄心亦不息滅」，意思為修行工夫是「覺」，而不在「滅」。《圓覺經》也提到修行的四種病「作、任、止、滅」，指出修行不在「滅」，重在「覺」。

有妄念，就一定有相對的妄想境，要能「知幻即離，離幻即覺」，並且「住妄想境不加了知」。因為境由心生，境從心現，何必加以了知呢？我們所面對的境界，事實上都是自心的顯現，也就是「三界唯心，萬法唯識」。如果在現實生活中能夠時時知道，我們所面對的境界都是自心所顯現，那就是時時刻刻都在修行了。

離妄即覺

從以上《圓覺經‧清淨慧菩薩章》的四句偈，對照師父指導的默照禪法四層次，我發現是可互相對應的。

「於諸妄心亦不息滅，住妄想境不加了知，於無了知不辨真實」，可以說相當於「觀全身」、「觀全境」及「觀內外無限」的層次，屬於直觀，而師父的教法則更簡要：「不給名字、不加形容、不做比較」。我們每天的生活，必須與人互動，與社會接觸，不可能離群索居，以遠離塵囂為淨土。《六祖壇經》也告訴我們：「佛法在世間，不離世間覺，離世覓菩提，恰如求兔角。」因此在生活日用中，不是「除」妄念，而在於「覺」妄心，時刻用心當下，時過境遷就放下。「居一切時不起妄念」則是對應絕觀默照，此時已進入一種悟境。

以上僅就《圓覺經》與默照禪法的對照發現，與大家分享，祝福大家！

（二〇二〇年十月二十一日，法鼓山僧眾早齋開示）

智慧人 40

止觀禪——打開心門的鑰匙

The Chan Practices of Zhi and Guan:
A Key to Opening Up Our Spiritual Mind

著者	釋果暉
出版	法鼓文化
總監	釋果賢
總編輯	陳重光
編輯	胡麗桂、林蒨蓉
封面設計	賴維明
內頁美編	小工
地址	臺北市北投區公館路186號5樓
電話	(02)2893-4646
傳真	(02)2896-0731
網址	http://www.ddc.com.tw
E-mail	market@ddc.com.tw
讀者服務專線	(02)2896-1600
初版一刷	2021年6月
初版九刷	2024年7月
建議售價	新臺幣200元
郵撥帳號	50013371
戶名	財團法人法鼓山文教基金會—法鼓文化
北美經銷處	紐約東初禪寺 Chan Meditation Center (New York, USA) Tel: (718)592-6593 E-mail: chancenter@gmail.com

法鼓文化

國家圖書館出版品預行編目資料

止觀禪：打開心門的鑰匙 / 釋果暉著. -- 初版.
-- 臺北市：法鼓文化, 2021.06
面； 公分
ISBN 978-957-598-916-3 (平裝)
1.禪宗 2.佛教修持

226.6 110006251